传统文化的当代价值

中华传统德政思想十五讲

中华书局《月读》编辑部 编著

中央党校出版集团 大有书局

图书在版编目（CIP）数据

中华传统德政思想十五讲 / 中华书局《月读》编辑部编著 . — 北京：大有书局，2022.3
（传统文化的当代价值）
ISBN 978-7-80772-063-8

Ⅰ . ①中… Ⅱ . ①中… Ⅲ . ①中华文化－研究 Ⅳ . ① K203

中国版本图书馆 CIP 数据核字 (2021) 第 277925 号

书　　名	中华传统德政思想十五讲 ZHONGHUA CHUANTONG DEZHENG SIXIANG SHIWU JIANG
作　　者	中华书局《月读》编辑部　编著
丛 书 名	传统文化的当代价值
策　　划	叶敏娟
责任编辑	叶敏娟
装帧设计	罗　洪
责任校对	李盛博
责任印制	袁浩宇
出版发行	大有书局 （北京市海淀区长春桥路 6 号　100089）
综 合 办	（010）68929273
发 行 部	（010）68922366
经　　销	新华书店
印　　刷	中煤（北京）印务有限公司
版　　次	2022 年 3 月北京第 1 版
印　　次	2022 年 3 月北京第 1 次印刷
开　　本	140 毫米 ×203 毫米　1/32
印　　张	6.5
字　　数	92 千字
定　　价	38.00 元

本书如有印装问题，可联系调换，联系电话：（010）68929022

世界上一些有识之士认为，包括儒家思想在内的中国优秀传统文化中蕴藏着解决当代人类面临的难题的重要启示，比如，关于道法自然、天人合一的思想，关于天下为公、大同世界的思想，关于自强不息、厚德载物的思想，关于以民为本、安民富民乐民的思想，关于为政以德、政者正也的思想，关于苟日新日日新又日新、革故鼎新、与时俱进的思想，关于脚踏实地、实事求是的思想，关于经世致用、知行合一、躬行实践的思想，关于集思广益、博施众利、群策群力的思想，关于仁者爱人、以德立人的思想，关于以诚待人、讲信修睦的思想，关于清廉从政、勤勉奉公的思想，关于俭约自守、力戒奢华的思想，关于中和、泰和、求同存异、和而不同、和谐相处的思想，关于安不忘危、存不忘亡、治不忘乱、居安思危的思想，等等。中国优秀传统文化的丰富哲学思想、人文精神、教化思想、道德理念等，可以为人们认识和改造世界提供有益启迪，可以为治国理政提供有益启示，也可以为道德建设提供有益启发。

——《在纪念孔子诞辰2565周年国际学术研讨会暨国际儒学联合会第五届会员大会开幕式上的讲话》中习近平总书记提到了15个传统思想

中华优秀传统文化的现代价值

王 杰

习近平总书记指出:"世界上一些有识之士认为,包括儒家思想在内的中华优秀传统文化中蕴藏着解决当代人类面临的难题的重要启示。"以中国哲学为思想内核的中华优秀传统文化蕴含着丰富的人文精神、教化思想、道德理念,既可以为人们认识和改造世界提供有益启迪,也可以为治国理政提供有益启示。

以中国哲学为思想内核的中华优秀传统文化是马克思主义中国化、时代化的重要思想土壤与资源。马克思主义是科学的世界观和方法论,与中国本土文化相比,它是一种外来文化。既然是外来文化,就要遵循文化传播的一般规律,有一个改造的过程,而这个改造的过程就是中国化、时代化的过程。马克思主义中国化、时代化包含两方面的内容：一是与中国的具体实践相结合，二是与中华优秀传统文化相结合。只有实现了这两个结合，才能够在内容上和形式上真正实现马克思主义的中国化、时代化。

以中国哲学为思想内核的中华优秀传统文化对全面实现社会主义现代化国家具有积极促进和推动作用。任何一个国家的现代化都不能脱离本民族的传统文化。现代化只有通过民族的形式才能实现，民族文化只有经过现代化的洗礼才能发展。实现现代化，不能以牺牲传统文化为代价，传统文化与现代化并不是矛盾对立的，而是可以并行不悖、相得益彰的。中国要实现现代化，只能从本民族的传统出发，否则现代化就会成为无源之水、无本之木。

以中国哲学为思想内核的中华优秀传统文化在经济全球化背景下多元文化的沟通和交流中扮演着重要角色。在全球化背景下，传统文化是保持民族文化认同感、归属感的力量之源。传统文化是中华民族的身份和象征，影响着中华民族的思维方式、民族心理、审美情趣和行为习惯。在经济全球化时代，我们应当更加尊重自己民族的传统文化，合理开发和利用传统文化这一重要资源，以应对全球化的挑战。全球化并不意味着传统文化的民族性会消亡，只有既能适应全球化又能保持自己民族特色的传统文化，才能得以存在和继续发展。越是民族的就越是世界的，反过来说，越是世界的就越是需要具有民族特色的传统文化。只有寻找到了自己民族的文化之源，才能辨清今后的发展方向；只有寻找到了自己民族的文化之脉，才能惠泽中华民族的子孙万代；只有寻找到了自己民族的文化之根，才能切实把握中华民族的命运，真正实现中华民族伟大复兴的中国梦。

以中国哲学为思想内核的中华优秀传统文化所凝聚成的民族精神是激励和凝聚全国各族人民的重要力量。对一个民族来说，历史发展的精神动力首先来自民族精神。它可以激发民族成员的归属意识、进取意识和奋斗意识，凝聚社会各方面的力量，从而形成推动社会前进的强大动力。中华民族在五千多年的历史发展中，形成了以爱国主义为核心的团结统一、爱好和平、勤劳勇敢、自强不息的伟大民族精神。中华优秀传统文化培育了中华民族精神，而中华民族精神又促进了中华优秀传统文化的发展，二者相辅相成，相互促进。中华民族是具有伟大精神的民族，民族精神是一个民族的脊梁，是一个民族自尊心和自信心的力量源泉，是中华民族生生不息、生存发展的强大精神支柱。千百年来，中华民族饱尝艰辛而不屈，千锤百炼而愈加坚强，靠的就是这种威力无比的民族精神，靠的就是各族人民的团结奋斗。越是困难的时刻，越是要大力弘扬民族精神，越是要大力增强中华民族的民族凝聚力。

以中国哲学为思想内核的中华优秀传统文化能够为化解社会矛盾与人生困惑提供价值帮助。中华优秀传统文化注重"生命的存在""个人的德行""人生的价值和意义"，是天人合一之学、人际和谐之学、身心平衡之学，也是生命存在之学、道德践履之学、知行合一之学、理想人格之学、安身立命之学、人生智慧之学。中国哲学，同样关注的都是人的问题，注重人与外在世界的和谐相处，是人生之妙用、人生之大用，对于慰藉人的心灵、变化人的气质、涵养人的德性、纯洁人的情感、提升人的精神、开阔人的视野，都有极大的帮助。

以中国哲学为思想内核的中华优秀传统文化是构建人类命运共同体的重要文化思想资源。坚持推动构建人类命运共同体，是实践和升华中华优秀传统文化中"大同理想"的集中体现。从先秦时期开始，中华文化就以追求"世界大同"和"兼济天下"为己任,中华民族对大同世界的憧憬蕴含着最早的人类命运共同体理念。《礼记·礼运》曰:"大道之行也,天下为公。"大同世界就是一个人类平等、天下和合、四海一家的世界。《尚书·尧典》载:"克明俊德,以亲九族,九族既睦,平章百姓,百姓昭明,协和万邦。"良好的治理使人亲密团结,使天下和平、万国安宁、各得其所。《周易》讲的"万国咸宁",《论语》讲的"四海之内皆兄弟",荀子讲的"四海之内若一家",张载讲的"民吾同胞,物吾与也",上述观念都体现了中华民族历代先贤智慧卓识的天下观,与马克思关于"世界历史"条件下通过发展分工和普遍交往而超越民族狭隘性的思想有相当高度的契合,为今天构建人类命运共同体的实践提供了丰富的思想文化资源。习近平总书记系统阐释了国与国之间命运共同体的意义,区域内与区域外国家之间命运共同体的价值,这些思想都是对古代大同理想的现代阐释和实践,得到了世界上绝大多数国家和民众的认同。

目录

一 大人者，与天地合其德　001

"天人合一"的起源、发展与内涵　003
"道法自然"中的天人智慧　008
和谐共存："天人合一""道法自然"的当代意义　009

二 大道之行也，天下为公　013

"天下为公"的起源与传承　015
"大同世界"的内涵与意义　019
"天下为公，大同世界"的当代价值　022

三　中华民族精神的核心　025

"自强不息，厚德载物"语义探源　027
"自强不息，厚德载物"的精神内涵　030
"自强不息，厚德载物"的当代意义　033

四　民为邦本，本固邦宁　039

传统民本思想的发展源流　041
民本思想的核心内涵　046
民本思想的历史价值和当代价值　049

五　中国人的从政法则　053

为政以德：中国古代德政思想　055
中国古代德政的特征　058
政者正也：领导者的职业素养和为官之道　060

"为政以德""政者正也"的当代价值　062

六　日新之谓盛德　067

"日新"思想的起源与发展　069
"日新"思想的内涵与价值　072
"日新"思想的当代意义　074

七　绝知此事要躬行　079

"脚踏实地、实事求是"的思想渊源　081
"脚踏实地、实事求是"思想的内涵与价值　085
"脚踏实地、实事求是"在当代的意义　088

八　知者行之始，行者知之成　091

实践思想的历史源流　093
实践思想的内涵与价值　097
实践思想的现实意义　100

九　大鹏之动，非一羽之轻　103

"集思广益、博施众利、群策群力"思想的历史源流　105
"集思广益、博施众利、群策群力"思想的内涵与价值　109
"集思广益、博施众利、群策群力"思想的当代意义　112

十　仁者，人也　117

"仁者爱人、以德立人"的思想源流　119
"仁者爱人、以德立人"的内涵与价值　123
"仁者爱人、以德立人"的当代意义　125

十一　人之所助者，信也　129

诚信思想的历史源流　131
诚信思想的内涵与价值　134
诚信思想的当代意义　136

十二　从政三法：清、慎、勤　141

"清、慎、勤"思想的历史源流　143
"清、慎、勤"思想的内涵与价值　146
"清、慎、勤"思想的当代意义　149

十三　俭节则昌，淫佚则亡　153

"俭约自守、力戒奢华"思想的历史源流　155
"俭约自守、力戒奢华"思想的内涵与价值　159
"俭约自守、力戒奢华"思想的当代意义　162

十四　天地位焉，万物育焉　167

和谐相处、求同存异的思想源流　169
和谐相处、求同存异的内涵与价值　173
和谐相处、求同存异的当代应用　177

十五　治不忘乱，安不忘危　181

居安思危思想的历史源流　183
居安思危思想的内涵与价值　187
居安思危思想的当代价值　191

 一 | 大人者，与天地合其德

人法地，地法天，天法道，道法自然。

——《老子》

儒者则因明致诚，因诚致明，故天人合一，致学而可以成圣，得天而未始遗人。

——【宋】张载《正蒙·乾称》

自 20 世纪 90 年代以来，随着西方文化中心论的不断衰落和文化多元论的普遍流行，许多思想家开始考虑如何借鉴世界各民族的宝贵文化遗产，从而重建人与人、人与自然的关系，找到人类安身立命的内在依据。特别是进入 21 世纪，随着全球经济的发展，人类的物质生活变得更加丰富，但随之而来的环境问题和社会问题——人与现实世界的紧张关系，变得更加突出。前者表现为生态平衡的破坏，后者表现为社会竞争加剧并趋于残酷无情。于是，人们开始了追问和思考，并寻求解决的理念和方法。在反思过程中，中国传统文化中的"天人合一"和"道法自然"思想受到了关注。

"天人合一"的起源、发展与内涵

对于"天人合一"，我国著名学者季羡林说"这个代表中国古代哲学主要基调的思想，是一个非常伟大的、含义异常深远的思想"；法国哲学家施韦兹则盛赞它以"奇迹般深刻的直觉思维"，体现了人类最高的生态智慧，是"最丰富和无所不包的哲学"。

"天人合一"中的"天"既包括自然之天，也包括神灵之天，但最重要最基本的还是前者，即宇宙自然界；而"人"则包括人力、人道、人为、人欲，也泛指整个人类。

"天人合一"这个词虽然出现在宋代，其思想却由来已久，最早可以追溯到夏商之际。但当时的天人关系多具有宗教神学色彩，人们认为天帝支配着整个自然界和人类社会，人们必须通过占卜和祭祀来通达天意，以求保护。

到了春秋战国时期，"天人合一"观抹去了神学色彩，而上升到了哲学的高度，其中最具代表性的是道家和儒家。道家的创始人老子从现实和理想两个层面论述了天道与人道的关系。在现实层面上，老子认为：天之道，损有余而补不足；人之道则不然，损不足以奉有余。天道是公正无私的，而人道则不是。在理想层面上，老子主张人们放弃一切违背天道的行为，"塞其兑，闭其户，和其光，同其尘，挫其锐，解其纷"，从而进入"彼我玄同"的天人合一境界。庄子则视"自然无为"的天道为人道的最高准则，提出"无以人灭天，无以故灭命"的观点。这里的"人"是指违背天道的人为，"故"是指违背规律的私智技巧。庄子反对以人为对抗天道，旨在强调人们的行为必须顺应自然。

儒家的创始人孔子从社会政治和道德伦理出发，提出了"人与天一"的命题。他把"天"看作道德伦理的化身，并把宗法人伦上升为一种天然合理的东西，用"天意"来协调人类关系，从而建立稳定和谐的社会秩序。孟子则提出了"天人相通"。他认为天不仅是自然存在的本体，也是道德、义理等价值存在的本体。人作为道德、义理等价值存在的体现者，其所遵循的道德规范、行为准则都源于天道，本于天道，天道与人道是相通的。荀子作为先秦哲学的总结者，对前人"天人合一"观中的抽象化和片面性有了进一步的认识。他肯定道家有见于自然之天，但批评他们"蔽于天而不知人"；他也不赞成孟子把人道直接归结于天道的做法，由此提出了"天人相交"，认为天道和人道既有对立，又有统一。后来，唐代柳宗元和刘禹锡继承发展了荀子的学说，刘禹锡甚至提出"天与人交相胜，还相用"，这是注意到自然规律和社会规律的区别与联系，揭示了主观能动性与客观规律性之间的辩证关系，合理地解释了辩证的"天人合一"观。

汉代的董仲舒总结前人关于天人的论述，提出上天和人之间存在感应，天能够通过自然现象示警于人或表示鼓励，人也能够以行为改变天命，这就是著名的"天人感应"学说。基于这种理论，儒家学者认为人与天的根本遵循是一致的，只要遵循天道修身治国，就能实现"天人之际，合而为一"。这种以人心体会天心、力图从行为准则上将自身与天道合而为一的思想，体现了儒家内圣外王的根本追求。到了宋代，张载完整而明确地提出"天人合一"的命题。他说："儒者则因明致诚，因诚致明，故天人合一，致学而可以成圣，得天而未始遗人。"意在运用"诚""明"的概念，肯定儒家的入世思想和关注现实世界的精神。后来，人们就用"天人合一"来概括天人之间的相通相合。

综合各家学说，"天人合一"的内涵可以概括为以下三方面。

首先，人与自然是不可分割的一个整体，二者彼此相通，一荣俱荣，一损俱损。老子说："天大，地大，道大，人亦大。域中有四大，而人居其一焉。"庄子说："天地与我并生，万物与我为一。"儒家学者则从"性天同一"出发，提出天人一体，反对人与自然的分割对立。像孟子就说"尽其心者，知其性也；知其性，则知天矣",强调了人经过后天的努力和修炼,可以达到人天相参的境界。宋代理学家张载更是明确提出"民,吾同胞;物,吾与也",认为人与万物都得之于宇宙,与宇宙浑然一体。民众百姓都是我的同胞兄弟,应该以仁爱相待;宇宙万物都是我的亲密朋友,应该爱护、保护。儒家这种万物交融、并育不害的理念,体现了人类生存的大智慧。

其次,重视生命,兼爱宇宙万物。中国古人把尊重一切生命价值,爱护一切自然万物视为人类崇高的道德职责。孔子讲"智者乐水,仁者乐山",是把自然界纳入仁爱的范围。孟子更进一步说"亲亲而仁民,仁民而爱物",明确主张把爱心从人扩展到一切事物。道家的庄子则认为天地万物在本质上都是一样的、平等的。物各具其性,各得其所,我们不能把此物视为主,把彼物视为宾,更不可扼杀万物的本性,破坏万物的真性。

最后,人与自然要和谐发展。中国传统"天人合一"观追求的终极目标就是实现人与自然的和谐。它一方面强调人要尊重自然规律,"顺天休命""辅相天地之宜";另一方面又强调要充分发挥人的能动作用,合理利用规律。正如《周易·系辞》中所说:"与天地相似,故不违。知周乎万物,而道济天下,故不过。旁行而不流,乐天知命,故不忧。"

"道法自然"中的天人智慧

道家在讨论天道与人道的关系时,还提出了一个重要的命题,就是"道法自然"。

"道法自然"出自《老子》:"人法地,地法天,天法道,道法自然。""道"最初指人走的路,后引申为道理、规则。而在老子思想中,"道"有着更深层的内涵。《老子》开篇第一句便是:"道,可道,非常道。"对于"道"的涵义,著名学者陈鼓应曾指出,它主要体现在形而上的实存者、规律性的存在、人类生活方式与处世方法三个方面。其实,我们不妨这样理解:"道"是有与无的合体,是生命的本源,是宇宙万物的最高原则和规律。道家主张自然的生活,认为自然是生命的最高境界,因循自然,不矫揉造作,不掩饰,不虚假,随遇而安。

对于"道法自然",主要有两种理解:其一,是把它看作动宾结构,将"法"当成动词,作"效法"之义。王弼解释为"不违""顺","道法自然"就是道不违自然，顺应自然。道生万物，是万物之母，是万物得以生存的根据，但它不以万物之主自居。于大千世界，道遵循万物之自然；于人类社会，道遵循百姓之自然。其二，是把它看成表语结构："人法，地；地法，天；天法，道；道法，自然。"即人遵循的法则由地来显示；地遵循的法则由天来显示；天遵循的法则由道来显示；道遵循的法则由自然来显示。自然的状态就是道的内容，适合自然的，就属于道；背离自然的，就不符合道。无论哪种解释，"道法自然"都体现着这样一个道理：做一切事都按照客观规律、自然法则进行，就会风调雨顺、万物和谐；反之，背离客观规律和自然法则，就会遭受大自然的惩罚。从这一点上说，"道法自然"与"天人合一"有着共通之处，都是我们处理人与自然、人与社会关系时应该遵循的准则。

和谐共存："天人合一""道法自然"的当代意义

工业文明和现代科技的进步使人类社会得到了前所未有的发展，为世界创造了丰富的物质财富和精神财富，但科技也成为人类进步的异己力量，造成人与自然的异化。现代工业在促进经济快速增长的同时，产生了生态破坏、环境污染、气候变暖及资源枯竭等问题，严重威胁着人类的生存和发展。恩格斯曾说："我们不要过分陶醉于我们人类对自然界的胜利。对于每一次这样的胜利，自然界都对我们进行报复。"的确，当人们还没来得及欢呼雀跃对自然的征服时，自然就已经开始了反击。人与自然环境之间逐渐失去了平衡。

要协调人与现实世界的紧张关系，就需要从"天人合一""道法自然"理念出发，寻求解决的方法。

一方面，人类是自然界的一部分，各个国家或地区都是地球村中的一个或大或小的"村落"；另一方面，"自然是人的无机的身体"，人与自然，你中有我，我中有你，相存相因相依。因此，人们需要树立整体和谐、"万物一体"、天地人一统的观念，对于天，对于自然，对于真理和规律，怀有一颗敬畏之心，如此才能实现人与自然的良性互动、和谐共存。

具体而言，首先，要懂得"自然是我师"的道理，认识和遵循自然规律，依照自然的本性去改造和利用自然。与此同时，政府应制定一系列强有力且切实可行的自然保护法规，真正走依法保护环境之路。其次，重"铸"青"天"。这里的青"天"，是指环境伦理。人们自觉依照环境伦理进行有道德的行为，才有可能实现人与自然的和谐。当然，环境伦理是当代世界范围内有识之士正在思考、酝酿、讨论中的伦理体系，具体内容也是见仁见智。但中国古代哲学中"仁爱""天人和谐，不以人灭天""以'天和'为美，以'止'为德""执古之道，以御今之有"等思想，无疑对确立人与自然和谐相处的道德规范和信仰，以及生态的可持续发展具有积极意义。

此外，"天人合一"也是每个人应当追求的精神境界。当遇到人际冲突、烦恼、忧郁时，我们投身于自然的怀抱，认识自然，亲近自然，与自然为友，返归到人的"本真"，不失为一个减轻压力的有效方式。在大自然中，我们像古人那样呼吸新鲜空气，沐浴和煦的阳光，寄情于山水花草树木鱼虫之间，洗礼我们的身心。此时此刻，我们体味、享受到了那份本来应该属于自己的宁静、潇洒，而精神境界也跃升到一个新的层次：天人合一、物我两忘。

 二 | **大道之行也，天下为公**

大道之行也,天下为公。选贤与能,讲信修睦。故人不独亲其亲,不独子其子,使老有所终,壮有所用,幼有所长,矜、寡、孤、独、废疾者皆有所养。男有分,女有归。货恶其弃于地也,不必藏于己;力恶其不出于身也,不必为己。是故谋闭而不兴,盗窃乱贼而不作,故外户而不闭,是谓大同。

——《礼运》

"天下为公"是中国传统文化中产生了恒久影响并具有普遍价值内核的，它体现着中华大社会共同体在历史生活中蕴含和表现出来的价值追求。随着时代的前进和社会的发展，"天下为公"已不仅仅是一种传统美德，更成为中华民族生生不息的崇高信念和伟大精神。

　　革命先行者孙中山就很喜爱"天下为公"一语，常以这四个字作为题字的素材。据不完全统计，孙中山先生所书"天下为公"手迹，仅上款有受赠人名氏的就有三十二件之多。

　　"天下为公"的提出可以追溯到春秋战国时代，当时的儒家学者将"天下为公"的大同社会视为完美的政治象征。这一理念流传两千余年，已经融入到中华文明的血脉之中。

"天下为公"的起源与传承

　　春秋末期到秦汉之际，是我国古代社会制度发生剧烈变动的时期。在这样变化剧烈而复杂的"阵痛"中，产生了三种对"理想社会"的看法：农家主张"并耕而食"，道家希望"小国寡民"，儒家则强调"天下为公"。

所谓"并耕而食"是指，全民共同参加体力劳动，社会生产自给自足，没有剥削和压迫，产品等价交换。这种理想在当时没有任何实现的可能，却反映了农业生产者对消除地位差异、摆脱剥削压迫的渴望。

道家"小国寡民"的理想，是让人类回到朴素的原始时代，把社会分成许多互相隔绝的"小国"，人民以个体生产维持生存需要，人与人之间没有矛盾，邻国之间更没有斗争，甚至"老死不相往来"，这就使机巧无用武之地，民风日朴，最终返于自然。道家追求自然、朴质的思想是有一定积极意义的，但其设想的这种生活方式却是难以实现的乌托邦。

比起农家和道家，儒家的理想社会是构想最完善、可行性最强的。在儒家经典《礼记》中，有一篇名为《礼运》的文章，讲的是"礼"的起源与发展，其中有一段著名的文字，包含着"天下为公""大同世界"的理念：

大道之行也，天下为公。选贤与能，讲信修睦。故人不独亲其亲，不独子其子，使老有所终，壮有所用，幼有所长，矜（同"鳏"）、寡、孤、独、废疾者皆有所养。男有分，女有归。货恶其弃于地也，不必藏于己；力恶其不出于身也，不必为己。是故谋闭而不兴，盗窃乱贼而不作，故外户而不闭，是谓大同。

这段话翻译成现代语言是：

大道能够推行的时候，天下为全民所共有。大家选举有德有能的人来治理天下，讲究信用，和睦相处。所以大家不只把自家的父母当成父母，不只把自家的儿女当成儿女，让老年人能够安享天年，壮年人能够人尽其能，小孩子能够受到良好的培养，没有配偶、没有父母、没有子女和身有残疾的人都能获得供养。男性各有各的事业，女性各有各的归宿。生产出来的东西，大家都不肯浪费丢弃它，但没有把它拿回自家的想法；劳动时大家都以不努力为耻，但不是为了自己。这时天下没有阴谋，没有盗窃抢劫的事情，晚上睡觉时，连家门都不用关闭，这就是所谓大同。

由此可见,《礼运》篇对"大同世界"的描绘涵盖了社会的各个方面,不仅仅是单纯的理念构想,还提出了一些措施,订立了具体目标。

这种较为完善的构想恐怕不是一人一时之言,而是对历代儒家学者政治理想的归纳与升华,可以视为儒家的最高政治理想。然而,由于君权的日渐强化,以及阶级社会的发展,以"天下为公"为目标的大同之世在封建社会注定是无法实现的。但是,"天下为公"的大同理想并没有被忘却。晚清时期,洪秀全在《原道醒世训》中曾经设想过一个"天下多男人,尽是兄弟之辈;天下多女子,尽是姊妹之群""有无相恤,患难相救,门不闭户,道不拾遗,男女别途,选举上德"的世界,这无疑是对儒家大同理想的继承。

无独有偶,近代政治家、革命家也都借用这一理论,来表达自己的政治理想,其中最为我们所熟知的,是康有为和孙中山。

从1884年开始,康有为就对"大同之理"进行思考,经过维新运动的洗礼,以及出国期间耳闻目睹资本主义社会之境况,最终写成《大同书》。在书中,全世界的国家合并为一个"公政府",实行民主共和的政治制度，人不分贵贱，男女完全平等，没有阶级压迫，也不存在父权、夫权的压迫。这种平等、自由、民主、富强的社会，是康有为心目中的"太平世"，也带有一些空想社会主义的色彩。孙中山则没有康有为那样激进，他主张土地国有、大企业国营，但生产资料私有制仍然存在，资本家和雇佣劳动者两个阶级继续存在，也就是还有剥削与压迫。在他设想的大同社会中，生产力是高度发展的，被雇佣的劳动者也能过上比较好的生活，国家举办教育、文化、医疗保健等公共福利事业，供公民享用。而"天下为公"，即公选领袖，则是实现大同理想的必备条件，也是大同社会的一个重要属性。

康有为和孙中山所设想的大同世界，在继承儒家传统的同时，也吸收了当时的新思想、新知识，如他们对资本主义国家存在的垄断压迫、贫富分化、失业等现象都有所批评。他们的理想虽然没能最终应用于现实社会，但对于近现代的社会革命与国家建设起到了推动作用。

"大同世界"的内涵与意义

在儒家学者的认识中，"天下为公"的大同社会是具有丰富内涵的。从《礼运》篇中，我们可以找到这一社会的几个特征。

（一）全面的公有化

"天下为公"是大同社会的最大特点。在这个理想社会中，权力是公有的，最高统治者的位置不是世袭的，而是由公众选举贤能者来执政，这样就不会出现昏庸、无能或残暴的君主。同时，一切财产也是公有的，这一点可以从劳动者对劳动成果没有占有的欲望，劳动时又都不吝惜力量看出来。

（二）人际关系平和诚信

在"天下为公"的社会里，人人是社会的一员，社会有每人的一份，衣食无忧，地位平等，无胁迫的可能，无依附的必要。有了这样的社会环境与制度，社会成员之间无须互相欺诈、压迫，也就很容易建立起友善关系。以"讲信修睦"四字概括，当无问题。

（三）普遍而深入的社会保障制度

对大同社会的成员来说，敬老爱幼已经是不言而喻的社会准则。在这里，人们视他人父母如自己父母，视他人子女如自己子女。任何人都能得到社会的关怀，任何人都主动关心社会。这种"老有所终，壮有所用，幼有所长，矜寡孤独废疾者皆有所养。男有分，女有归"的社会保障体系，是大同社会的"减压阀"与"减震器"。

（四）人无私心，各尽其力

在大同社会里，人们有高度的责任心，参加劳动已经成了人们的一种自觉。由于共同参加劳动，一切劳动成果中都有自己的付出（就当时的学者而言，很难设想像当代这样的大规模生产与社会细致分工），所以人们对社会财富十分珍惜，憎恶浪费，也反对私自占有劳动成果。这种不计报酬、高度自觉的劳动态度支撑了大同理想社会，而大同社会高度民主的政治制度和切实可靠的社会保障又是这种劳动态度产生的前提和基础。

需要指出,"天下为公,世界大同"的美好社会,在人类历史上从未真正实现过。然而,这不等于说"天下为公"的大同理想没有意义。大同社会虽然已被证实只是一种基于部分历史事实的构想,但在历史上,它作为儒家的最高理想,为政治实践订立了很高的标准,也为近代以来有志于救国的仁人志士们提供了一个目标。而且,由于知识分子对"天下为公""选贤与能"耳熟能详,当"民主""选举"等词出现在国人面前时,很多知识分子直接将其与《礼运》篇联系起来,这无疑有助于国人加强对近代政治观念的理解。当然,这一思想对当前社会建设也具有指导意义。

"天下为公,大同世界"的当代价值

改革开放四十多年来,我国的社会主义现代化建设取得了举世瞩目的成就,但也出现了一系列社会问题,诸如贫富差距加大、人与人之间的诚信危机凸显、社会矛盾激化等。对于这些问题,人民群众迫切希望得到解决,从而形成和谐的社会风气。在这种情况下,"天下为公"的大同理想确有值得我们借鉴之处。

首先，大同世界是完善的社会保障体制。这种全面覆盖弱势群体的社会保障机制，直到今天仍然是我们社会建设的目标之一。有了完善的社会保障体制，就能够有效免除人民群众的后顾之忧，使大家将更多精力投入到经济与文化建设之中，并能在一定程度上减少违法犯罪行为的发生。

其次，大同理想中包含着"讲信修睦"的思想，重视诚信与和谐。我国自古就有"人无信不立"的说法，以及睦邻友好的传统。然而，快节奏的社会前进步伐、利益的纷争，影响了这一良好传统在当代的传承。大同理想强调诚信待人，主张人与人之间和睦相处，这对于我们建设和谐社会有重要意义。

再次，大同理想以"天下为公"为主要特点。所谓"公"，主要体现为身份的平等、参政权利的平等，以及生产资料与产品公有带来的财产平等，这种全面平等是大同社会能够存在的合理基础，虽然在古代无法实现，却值得今人借鉴。也就是说，我们应该充分吸收"公"的理念，让全社会成员平等地享有改革开放带来的红利，缩小人与人之间的地位、资产、权力等差异。

最后，也是最重要的一点，"天下为公"的大同世界体现着"以人为本"的理念。在儒家设想的大同世界中,君位不世及,只看谁能给百姓带来更好的生活,谁能带领百姓进一步发展,这其实是儒家人本主义理念的一种延伸。在今天的社会建设中,我们仍然要坚持人本主义,尊重每一位公民的生存权和发展权,让每个人都在国家的建设和发展中实实在在地获得利益,享受幸福。

三 | 中华民族精神的核心

原典

天行健,君子以自强不息。

——《周易·乾卦·象》

地势坤,君子以厚德载物。

——《周易·坤卦·象》

中国文化的精神包括很多内容，但是最根本、最源头、最具特色的是《周易》中所讲的"自强不息，厚德载物"。1914年，梁启超在清华大学演讲，特别强调了这种精神。后来，"自强不息，厚德载物"被清华大学定为校训。而最早论及民族精神问题的国学大师张岱年先生则对其进行多次强调，指出它"在铸造中华民族的民族精神上，起了决定性的作用"，是"中华民族精神的核心内容"，是中华民族历史上"一个一贯的文化精神"，是"中国文化发展革新的内在契机"。

"自强不息，厚德载物"在中国文化的精神层面的支柱性地位，已成为共识。那么，究竟什么是"自强不息，厚德载物"精神？它为什么会具有如此高的地位？当今社会提倡这种精神有哪些现实意义？

"自强不息，厚德载物"语义探源

"自强不息"与"厚德载物"，都出自《周易》一书。《周易》作为儒家经典之一，其内容博大精深。很多人仅仅将其看作一部占卜之书，其实不然。"《易》之为书也，广大兼备。"它所探索的不是一般性的问题，而是"天道"、"地道"与"人道"的根本性问题。

"天道""地道""人道",《周易》将其称为"三才"。

《周易》把"天道"与"地道"描述得很权威、很神圣、很玄秘,但是其出发点和落脚点还是"人道"。"人道"是"天道"与"地道"的中心与主轴,"天道"与"地道"是从属、服务于"人道"的。也就是说,"三才"涵盖《周易》全书,而"人道"贯穿于"天地两道"之中。这就是儒道两家所特有的"天人合一"的基本原理。

"自强不息"与"厚德载物"正体现了"天道"或"地道"与"人道"之间的关系。

"自强不息"一词出自《周易·乾卦·象》:"天行健,君子以自强不息。"意思是:自然界的四时运行、斗转星移、日月交替是强劲刚健、永不停息的,君子应效法它而奋发图强,不断进取。"天行健"是"天道"所固有的自然本性,既然"天行健",那么看到这一卦象的君子,在他的一生之中,就应该始终自觉地奋发向上、永不松懈,即"自强不息"。这是从"天道"讲到"人道",并且还讲明了"人道"是源于"天道"的。

同样道理,"厚德载物"一词出自《周易·坤卦·象》："地势坤，君子以厚德载物。"意思是：大地滋养万物，承载世界，君子也应效法它，做到虚怀若谷、无所不容、会通万物。"地势坤"是"地道"所固有的自然本性，既然"地势坤"，那么看到这一卦象的君子，在他的一生之中，就要学会待人宽，待物宽；容人，容物；成人，成物，即"厚德载物"。

"自强不息"表现的是永远努力进取、决不半途而废的刚健有为、奋斗拼搏精神，是自立之本，与人的生物属性有一定关联，是从生物属性中提炼出来的精神。有学者指出，自强不息的精神"更为强调的是与自己过去相比较的自我强大""我努力、我拼搏，甚至是与他人竞争，都是为了我自己更强大，而不是为了压制别人"。

"厚德载物"表现的则是淳厚的德行、包容万物的胸怀，是一种优秀的道德品质。这种督促人们不断"向内看""反求诸己"的道德要求，更利于人与人之间的和谐相处，更利于社会的和谐发展，是立人之本，与人的文化属性相关联，是从文化属性中提炼出来的精华。中华民族之所以能够形成重和谐、好和平的文化特色，与把道德修养放在重要位置有很大关系。

"自强不息，厚德载物"的精神内涵

作为中国文化的基本精神，"自强不息，厚德载物"有其独特的内涵。

先说自强不息。

自强不息是指一个民族保有的独立自主、奋发向上、不断进取的精神。它既是个人应有的文化素质，也体现着国家和民族独特的精神品格，主要反映在政治、个人生活及生活态度三个层面上。

在政治上，自强不息既表现为对外反抗外来侵略，对内反抗压迫，又表现为革故鼎新的精神，即除旧布新、不断进行社会变革。革故鼎新精神，是自强不息的升华，离开了它，自强不息就成为一句空话。

在个人生活方面，自强不息表现为人格的独立。"人格"是近代名词，中国古代称之为"为人"。一个人在生活或行为上自强不息，就是要坚持人格独立，肯定人格的价值，这是中华优秀传统文化中的内容之一。儒家创始人孔子说"三军可夺帅也，匹夫不可夺志也"（《论语·子罕》）；又极力称赞伯夷、叔齐不食周粟，不降其志，不辱其身。亚圣孟子则强调"富贵不能淫，贫贱不能移，威武不能屈"（《孟子·滕文公上》）的大丈夫人格。南宋哲学家陆九渊则称："不识一个字，亦须还我堂堂地做个人。"堂堂地做个人，就是具有独立的人格。

在生活态度上，自强不息表现为积极乐观向上的人生观。孔子的一生，是"自强不息"的一生，他说："吾十有五而志于学，三十而立，四十而不惑，五十而知天命，六十而耳顺，七十而从心所欲，不逾矩。"（《论语·为政》）又说："发愤忘食，乐以忘忧，不知老之将至。"（《论语·述而》）孔子这种刻苦学习、积极进取的精神，为我们树立了榜样或典范，它催生或强化了中华民族勤劳、勇敢、刚健、有为、乐观、拼搏，"先天下之忧而忧，后天下之乐而乐"等优良的品质。

再说厚德载物。

厚德载物体现为一种以宽厚之德包容万物的精神，以及"万物并育而不相害，道并行而不相悖"的信念，主要表现在人与自然关系、国家民族关系、人际关系、治国之道和对外来文化的态度五个方面。

在人与自然关系上，厚德载物体现为保护自然资源，使人与自然和谐统一，同生共存。在中华民族发展史上，这一思想可谓源远流长。周武王伐纣时列举商纣王的种种罪行,其中有一条就是"暴殄天物,害虐烝民",意思说纣王损害了鸟兽草木和广大民众,是天下的罪人。古人对于保护生态环境和自然资源十分重视,《淮南子》就强调不要"涸泽而渔",不要"焚林而猎","孕育不得杀"。

在国家民族关系上,厚德载物体现为保持和平,共同发展。正如《尚书》中说:"百姓昭明,协和万邦。"《周易》中说:"首出庶物,万国咸宁。"即使出现矛盾和争端,也应努力采取非军事手段来解决。

在人际关系上,厚德载物强调"和为贵",强调"宽柔以教",强调"己欲立而立人,己欲达而达人"和"己所不欲,勿施于人"。既肯定自己的主体性,也承认别人的主体性;既要保持自己的人格尊严,也要承认别人的人格尊严,同时蕴含着一种人文关怀。

在治国之道上,厚德载物表现为善于听取、正确地对待不同意见。唐太宗李世民就是最具代表性的人物。"兼听则明,偏信则暗",也正反映了治国之道上的这种精神。

在文化价值观上,厚德载物体现在对外来文化采取宏阔包容的态度。古人很早就提出"和"这个概念,西周末年思想家史伯就说："和实生物，同则不继。"所谓"和"，就是不同事物相互包容而保持一种平衡，只有"和"才能产生新事物。因此，中华民族历来对其他民族和国家的物质、精神文明不仅能够包容，而且积极引进吸收，有长鲸吸百川的风度和气概。早在西汉，就出现了"殊方异物，四面而至"(《汉书·西域传》)的局面。到了唐朝，更是对各国文化广泛吸取，充分体现了中华文化兼容并包精神和有容乃大的气魄。

"自强不息，厚德载物"的当代意义

在中国历史上，"自强不息，厚德载物"发挥了巨大的作用，它促进了中国古代文化的发展，铸就了中国古代知识分子优良的品德，推动着中国社会不断的变革。当今时代，它仍然具有很强的现实意义。

首先，社会主义市场经济要求人们按市场的需要和公平竞争的原则来组织社会的生产活动。只有准确把握市场需要和具备竞争实力的人，才能在市场经济中大显身手。而要具备参与市场竞争的实力，就应发挥自身的能动性，主动地去探索和学习市场经济的规律、必要的知识和技术，不断地增加自身的竞争实力。这也正是自强不息精神的现代性的体现，即实现人的自立自强。发扬"自强不息"精神，无疑会对消除依赖心理，形成自主进取的人生观念产生积极的影响。

此外，市场经济是把双刃剑，在带来经济效益的同时，也会产生负面效应，比如人与自然关系恶化，人的内心失衡导致矛盾加剧，恶性竞争，物质至上观念等。当前，我国强调要建设社会主义和谐社会，就需要发扬"厚德载物"的精神。无论对人还是对物，我们都应当抱有一颗宽容之心、谦让之心、诚信之心、团结之心，做到相互理解、相互尊重、相互关心、相互爱护，从而形成和睦、美好的良性共处关系，这是实现个人发展、社会发展以及国家进步的前提和条件。

其次，发扬自强不息精神，有助于人们创新意识的培养。当今世界变幻日新月异，市场需求不断变化，任何个人或机构如果不能通过创新来满足市场的需求，就很容易在竞争中被淘汰。这就要求人们一方面主动发挥创造力，不断开发新产品；另一方面又要居安思危，时刻保持清醒的头脑，不因一时的成功而松懈斗志。

再次，自强不息还是民族主体意识的重要组成部分，是形成爱国主义精神和民族凝聚力的重要基础。自强不息精神中所包含的对人生意义和不朽价值的深刻理解，曾激励一代又一代中华儿女为民族的生存和发展而不懈奋斗，尤其是当中华民族面临入侵和欺辱时，它更成为鼓舞人们投身争取民族独立的精神力量。当今，虽然我们获得了民族独立的伟大胜利，更取得了令人瞩目的建设成就，但是我们仍然面临着西方发达国家的压力和挑战。为此，作为中华民族的一员，仍然要继承和发扬自强不息的精神，为祖国的发展贡献应有的力量。

最后，在新的历史条件下成长起来的青少年，面临来自家庭、学校、社会等各方面的新问题。很多家庭将孩子视为掌上明珠，百般溺爱。这种情况助长了孩子的依赖心理，不利于自强自立精神的培养。而部分学校对孩子自强自立的精神、包容谦让的品格的培养也不十分重视。社会大环境的一些负面因素，也影响着一些青少年的价值观，使他们我行我素、任性自负、自私自利，缺乏宽容品格和合作精神。"道德缺失、信仰危机"在青少年中蔓延，必将影响中华民族的未来发展，因此必须从思想层面加以纠正。"自强不息，厚德载物"正是针对当下青少年传统美德缺失的一剂良药。"自强不息"可以培养新一代自强自立、勇于拼搏的精神,"厚德载物"则可以培育青少年谦逊礼让、宽宏大度的美德。

君子之义,既鲜确诂,欲得其具体的条件,亦非易言。《鲁论》所述,多圣贤学养之渐,君子立品之方,连篇累牍势难胪举。周易六十四卦,言君子者凡五十三。乾坤二卦所云尤为提要钩元。乾象曰:"天行健,君子以自强不息。"坤象曰:"地势坤,君子以厚德载物。"推本乎此,君子之条件庶几近之矣。乾象言,君子自励犹天之运行不息,不得有一暴十寒之弊。才智如董子,犹云勉强学问。《中庸》亦曰,或勉强而行之。人非上圣,其求学之道,非勉强不得入於自然。且学者立志,尤须坚忍强毅,虽遇颠沛流离,不屈不挠,若或见利而进,知难而退,非大有为者之事,何足取焉?人之生世,犹舟之航于海。顺风逆风,因时而异,如必风顺而后扬帆,登岸无日矣。……坤象言君子接物,度量宽厚,犹大地之博,无所不载。君子责己甚厚,责人甚轻。孔子曰:"躬自厚而薄责于人。"盖惟有容人之量,处世接物坦焉无所芥蒂,然后得以膺重任，非如小有才者，轻佻狂薄，毫无度量，不然小不忍必乱大谋，君子不为也。当其名高任重，气度雍容，望之俨然，即之温然，此其所以为厚也，此其所以为君子也。

——梁启超《论君子》(节选)

四 | 民为邦本，本固邦宁

原 典

天之生民,非为君也;天之立君,以为民也。
　　　　　　　　　　　　——《荀子·大略》

夫民,神之主也,是以圣王先成民而后致力于神。
　　　　　　　　　　　　——《左传·桓公六年》

乐民之乐者,民亦乐其乐;忧民之忧者,民亦忧其忧。
　　　　　　　　　　　　——《孟子·梁惠王下》

在中国传统的治国之道中，民本思想一直居于首要地位。它熏陶了一代又一代的思想家和政治家，对历史发展和社会进步产生了积极影响，既是中国古代政治思想的精华，又是中国传统文化中源远流长的珍贵遗产，更是中国共产党的群众路线和宗旨的重要思想基础。因此，系统地梳理和理解中国传统民本思想的发展脉络、内涵及价值，对建设中国特色社会主义政治文化具有重要的理论和实践意义。

传统民本思想的发展源流

（一）夏商西周时期：民本思想的萌发阶段

我国的民本思想早在神话传说中就有反映，只是没有确凿的史料作为支撑。比如神农尝百草、有巢造屋、燧人取火、大禹治水等，都反映了部落首领对部落成员的责任感。夏朝的开国帝王启因得民而有天下，到了夏桀，由于"不敬德"而"虐于民"（《尚书·多方》），引发了"成汤革夏"。作为商朝的开国帝王，成汤"轻赋薄敛，以宽民氓。布德施政，以振困穷。吊死问疾，以养孤孀",从而"百姓亲附,政令流行"(《淮南子·修务训》)。然而到了商纣王统治时期,则"劳民力,夺民财,危民死,冤暴之令,加于百姓"(《管子·形势解》),致使民怨沸腾。武王伐纣之时,商朝军队阵前倒戈,纣王投火自焚而死。夏、商的覆亡,使西周的统治者认识到人心向背与统治安危的关系,朦胧地意识到民众力量的重要性。像召公就说:"我不可不鉴于有夏,亦不可不鉴于有殷。"(《尚书·召诰》)周公讲得更明了:"人无于水监,当于民监。"(《尚书·酒诰》)留下了"敬德保民""民为邦本""德惟善政,政在养民"等民本警句。这些警句是上古先贤对早期政治关系的认识和思考,思想质朴,其产生有着直接的客观依据。

(二)春秋战国时期:民本思想的确立阶段

春秋战国,礼崩乐坏,天下大乱。各诸侯国的君主、执政者,置身"百家争鸣"中的大批思想家,从"高岸为谷,深谷为陵"的社会变化中,特别是从数以百计的诸侯、大夫覆宗灭祀的惨剧中,深刻认识到民与"国""家"安危存亡的关系。于是,如何理解和对待民的问题，成了这个时代的重大课题。

基于这种要求，当时的开明治国者和思想家们开始对以往资料和经验进行理论的概括，从而使民本思想首次获得了较为系统的理论形态。

《左传·桓公六年》记载了季梁对隋侯说的话："夫民，神之主也，是以圣王先成民而后致力于神。"《左传·庄公三十二年》记载了虢国太史的话："国将兴，听于民；将亡，听于神。"这时，彻底否认神存在的无神论尽管还未出现，但在神民关系上已开始由神向民倾斜。而在君民关系上，也更加重视民的作用。鲁哀公元年，逢滑对陈怀公说："臣闻国之兴也，视民如伤（如同对待受伤者一样加以抚慰），是其福也；其亡也，以民为土芥，是其祸也。"（《左传·哀公元年》）

当然，这一时期的民本思想主要还是集中在诸子百家的言论中。

春秋之时，齐国政治家管仲就提出"令顺民心"的主张。儒家的创始人孔子是中国历史上明确提出"德政"的人，他大力宣扬周公"敬德保民"的思想，认为"百姓不足，君孰与足"（《论语·颜渊》）。道家创始人老子也说要"以百姓之心为心"（《老子》第四十九章）。

到了战国时期，孟子将孔子"仁"的学说发展为"仁政"思想，而仁政思想的核心就是"得民"，得民的关键则是"得民心"。这就要求为政者"以德服人"，做到"亲亲而仁民，仁民而爱物"(《孟子·尽心上》)。他的大胆言论——"民为贵，社稷次之，君为轻"(《孟子·梁惠王上》)，是其民本思想最闪光之处。荀子较孟子更进一步，他以舟水比喻君民关系："君者舟也，庶人者水也。水则载舟，水则覆舟。"(《荀子·王制》) 这就是"君舟民水"理论的源头。此外，杂家的著述《吕氏春秋》也提出"怜人之困，哀人之穷""信于民"等民本观点。

（三）汉唐时期：民本思想的完善阶段

然而，秦统一中国后，秦始皇并未充分吸纳民本的思想，而推行残民以逞的严刑峻法，结果导致二世而亡。有鉴于此，代秦而起的西汉君臣全面总结了秦亡的历史教训，对民本思想进行完善。汉初政治家陆贾在《新语》中指出：秦朝速亡的原因是"举措暴众而用刑太极"，认为民心不可侮，民意不可违，民力不可轻："夫欲建国、强威、辟地、服远者，必得之于民。"政论家贾谊对秦朝二世而亡的反思更进一步，他对民本思想的阐发也超过了以往思想家，他在《新书·大政上》中强调民为政本："闻之于政也，民无不为本也。……自古至于今，与民为仇者，有迟有速，而民必胜之。"两汉之际的学者桓谭则以"王霸并用"来表述自己的民本思想，提出"王道之治，先除人害，而足其衣食"(《新论·王霸》)。

唐朝，唐太宗李世民既是参与创业的一代英主，又是高扬民本思想的帝王代表。他特别欣赏荀子以舟水喻君民关系的观点，深刻认识到为国之术，必须以民为本；为君之道，必须先存百姓。他说："君依于国，国依于民，刻民以奉君，犹割肉以充腹，腹饱而身毙，君富而国亡。"(《资治通鉴》卷一九二)唐代思想家、文学家柳宗元更是认为官吏是为百姓服役的，他说："凡吏于土者，若知其职乎？盖民之役，非以役民而已也。"(《送薛存义之任序》)

（四）明清（包括近代）时期：民本思想的升华阶段

明代中后期以后，随着资本主义萌芽的产生和发展，一些思想家如黄宗羲、顾炎武、王夫之等开始对封建专制进行批判,这已经触及了传统民本思想的要害。如黄宗羲、顾炎武疾呼以"公天下"取代"私天下",直指君王与臣民、治者与民众之间的权利义务关系。黄宗羲更是提出"天下为主,君为客"(《明夷待访录·原君》),王夫之则认为"君以民为基,无民而君不立"(《周易外传》)。这时的民本思想具有了更多的自由平等、反对专制的性质,带有近代反对君主专制的民主色彩。

鸦片战争以后,西方近代社会政治学说传入中国,对传统民本思想向近代化的演变起了促进作用。当时,主张君主立宪的资产阶级改良派在宣传"民权"思想时,就援引了传统民本思想作为变法的理论依据。像康有为在给光绪帝的奏折中,引古训"先王之治天下,与民共之",提出了"君民共治"的主张。革命先行者孙中山更是提出"民族、民权、民生"三民主义思想,它不仅吸收了中国传统民本思想的精华,而且借鉴了西方的部分先进思想,是一个巨大的历史进步。

民本思想的核心内涵

中国古代民本思想强调治国者要以一颗仁心待民,

正如荀子所说："天之生民，非为君也；天之立君，以为民也。"(《荀子·大略》)如此，才能赢得民心。仁心待民具体表现在安民、富民、乐民，这也是民本思想的核心内涵。

中国自古就有"治国必先安民"的理念。所谓安民，就是让百姓生活安定，生产有序，不为赋税徭役所累。对此，孔子曾言："道千乘之国，敬事而信，节用而爱人，使民以时。"(《论语·学而》)孟子也说要"不违农时"。这在以农业为基础的古代社会，是一项十分有效的安民举措。孟子还提出要"省刑罚，薄税敛"(《孟子·梁惠王上》)，目的是减轻百姓的负担。汉代的贾谊对安民颇有见地，他认为安民是国家稳定、社会发展的关键。只要民众能够安居乐业，国家就不会发生动乱，社会就会稳定发展。因此，他在《过秦论》中说："故先王者，见始终之变，知存亡之由，是以牧民之道，务在安之而已矣。"贾谊还告诫治国者，对于民众绝不能怠慢，更不可欺骗他们。谁若怠慢、欺骗了民众，谁就将落得可悲的下场。后世统治者，如唐太宗、明成祖、康熙帝，采取了与民休息、轻徭薄赋、减轻刑罚、抑制土地兼并等安民措施，贞观之治、明朝的基业以及康乾盛世，与此都有很大关系。

所谓富民，也称足民，即让百姓衣食无忧、生活富足，主要强调的是民生问题，因此也有人将其看作安民的基础。民富则安，民贫则乱，物质需要得到满足，是人得以生存的基础，也是社会稳定的前提。因此，统治者要想尽办法使百姓"乐岁终生饱，凶年免于死亡"（《孟子·梁惠王上》）。孔子说："百姓足，君孰与不足？百姓不足，君孰与足？"（《论语·颜渊》）墨子指出："民之所患，饥者不得食，寒者不得衣，劳者不得息。"（《墨子·非乐》）如果百姓到了不能生存的地步，政权便不会巩固。此外，中国古代强调道德教化，又有"仓廪实，则知礼节；衣食足，则知荣辱"（《管子·牧民》）的古训，由此富民显得更为重要。

乐民，有两层含义：一是就百姓的心理和精神层面而言，要求治国者切实为百姓利益着想，让百姓过得快乐；二是要求统治者能亲近百姓，与民同乐。正如孟子所说："乐民之乐者，民亦乐其乐；忧民之忧者，民亦忧其忧。"（《孟子·梁惠王下》）治国者只有与民众同甘苦共呼吸，才会受到民众的拥护。宋代的范仲淹说要

"先天下之忧而忧,后天下之乐而乐",表现了为官者心系天下和百姓的胸怀和抱负。

民本思想的历史价值和当代价值

作为中国古代政治思想的精华,民本思想对中国历史的发展起到了推动作用。它要求统治者和官员加强自身的道德修养,律己正人,由此生发出"明君"与"清官"意识,同时衍生出尚贤、举贤、任贤和反腐倡廉等思想。民本思想还要求"安民""富民""乐民""保民",由此生发出治国以"德主刑辅"、治民以"教化为先"的德治思想。显然,民本思想作为中国古代治国之纲,此纲一举,就会有利国利民的政策出台,从而出现一个"政平讼理"、社会稳定、经济繁荣的"盛世"局面。纵观历史,凡是民本思想高扬的时代,也是当政者制定的政策既反映百姓愿望,又顺应历史发展要求的时代,"成康之治""文景之治""贞观之治""开元盛世""洪武永乐之治""康乾盛世"的诞生,无不如是。

时至今日,民本思想仍有其现实意义。

首先,民本思想是当代民主建设的文化土壤。应当指出，任何一个国家民主的发展，都不是凭空进行的，它需要具备一定的社会、经济、政治基础。历史经验证明，照搬西方民主模式应用于中国，根本行不通。每个国家的国情不同，民主的模式也是不同的，所以每个国家的民主都会体现出自己的特色。新中国的民主政治建设，既汲取了西方近代以来的民主思想和积极成果，更传承了本民族的传统文化精华，特别是中国传统的民本思想，尽管它与我们今天所讲的民主思想有本质的差异，但其强调人民的地位和重要性，甚至反对专制等要素在相当程度上与今天的民主思想是相通的。事实证明，中国特色社会主义民主之所以能够生根发芽，正是在于它立足于本国的文化和实际，充分考虑到普通民众在社会生活中的各种利益需求。当代中国特色社会主义民主政治建设，传统民本思想作为文化土壤，同样是一个不容忽视的重要资源。

其次，严惩腐败、注重道德离不开民本思想的支撑。纵观中国历史，历代清官、廉政者无不具有民本思想。北宋政治家司马光的奏状中随处可见他心系民情的心志，对于那些残害百姓的贪官污吏，他要求治以重罪。明太祖朱元璋的经历让他深知民间疾苦，因此对于那些贪污腐败的官员，即使贪赃数目很小也施以重刑。海瑞清廉为政的故事更是家喻户晓，人人传颂。腐败归根结底损害的是百姓利益，丧失的是民心，严惩腐败分子，百姓拍手称快，是以民为本的体现。

此外，民本思想还强调人文关怀、实行德政，以及执政者的道德行为和修养。这种道德精神与价值取向是当前中国特色社会主义政治文明建设中需要大力提倡的。也就是说，从政者既要加强道德约束，又要提高自身的道德境界，切实做到为民表率；而在治国方略上，则要实现法治和德治的有机结合。

最后，中华民族的伟大复兴需要吸取古代民本思想的精华。"重民""富民""爱民""保民""乐民"等传统民本思想体现了执政者对百姓地位的重视。民本思想的提出与推行，对于恢复和发展生产、缓和社会矛盾、维护社会稳定起着积极作用。但它也有时代和阶级的局限。当前，中国共产党正带领全国人民为实现中华民族的伟大复兴而奋斗，这就需要从政者对传统民本思想进行批判地继承，真正认识到人民的力量，从而树立正确的权力观、群众观、利益观。

五 | 中国人的从政法则

原典

为政以德,譬如北辰,居其所而众星共之。
————《论语·为政》

政者,正也。子帅以正,孰敢不正?
————《论语·颜渊》

中国古代德政思想广博深厚，它以格言、警句、典故等形式存在于文化典籍之中，"为政以德""政者正也"就是其中代表。作为中华民族优秀的文化遗产，充分认识和分析它的内涵、精髓、特征和发展脉络，发现其对当今从政治国的借鉴价值，对维护和促进当代社会稳定和国家长治久安有着积极意义。

为政以德：中国古代德政思想

我国古代德政思想的渊源最早可以追溯到商周时期。辅佐周武王推翻商朝统治、建立西周政权的周公就认为殷商灭亡的原因在于不推崇德政："唯不敬厥德，乃早坠厥命。"他提出了"敬德保民""以德配天"的主张，倡导"皇天无亲，惟德是辅""明德慎罚""大德而小刑"的治国方略。

到了春秋时期，孔子继承和总结周公的德政思想，形成了自己的一套"德政学说"，它是儒家理论道德体系中最宝贵的一笔遗产。孔子说："为政以德，譬如北辰，居其所而众星共之。"意思是：用道德礼义治理国家，就像北极星一样处在一定的位置，所有的星辰都会围绕着它。言外之意就是统治者如果实行德政,群臣百姓就会自动亲附于你。"为政以德"一词即来源于此。他还说:"道之以政,齐之以刑,民免而无耻;道之以德,齐之以礼,有耻且格。"意思是:用政令来治理百姓,用刑法来整治他们,百姓只会免于犯罪受惩罚,却没有廉耻之心;而用道德引导百姓,用礼制去同化他们,百姓不仅会有廉耻之心,而且能在日常生活中自觉革除自己的不良习惯。这些言论都在强调道德对政治生活的重要作用,体现了孔子主张以道德教化治国的原则。

关于孔子的德政思想,概而言之,体现在四个方面:一是倡导统治者施行德治和仁政,二是强调领导者要加强自身道德修养,三是要尊贤而容众,选举德才兼备的人才,四是注重对百姓的教化。如《论语·为政》记载,哀公问曰:"何为则民服?"孔子对曰:"举直错诸枉,则民服;举枉错诸直,则民不服。"就是说只有选举任用正直有德的人,才能实现"民服"。这是孔子德政思想之一——举贤任能的体现。

又如季康子问:"使民敬、忠以劝,如之何?"孔子回答:"临之以庄,则敬;孝慈,则忠;举善而教不能,则劝。"从这段对话中可以看出,当时统治者内部很重视百姓的教化问题，但在孔子看来，统治者以身作则，是教化百姓的最好办法。所以，孔子劝季康子从"敬、忠、孝、慈"的道德方面来加强自身修养。

战国时期，孟子传承孔子德政思想，指出："以力服人者，非心服，力不赡也；以德服人者，心悦而诚服也。"孟子的德政思想主要是对"仁政"与"王道"加以阐发，提出行仁政是实现王道的途径。就内容而言，孟子以唐虞三代之盛世图景为理论参照，以民贵君轻为德政思想要旨，以仁义学说为施政路径，建构起一套极具民本色彩的德政思想。正如著名史学家孟祥才所说，孟子"要求当政者能以'不忍人之心行不忍人之政'，做到'亲亲而仁民，仁民而爱物'……同时，还要'省刑罚，薄赋敛'，使'黎民不饥不寒'，百姓的物质生活有了保证，教化的功能就更能显现出来，'谨庠序之教，申之以孝悌之义'，百姓就会'入以事其父兄，出以事其长上'，上下协和，'王道'也就实现了"。

儒家的另一位代表人物荀子则继承孔、孟的德政思想，同时又融入法治思想。荀子的德政思想主要体现在重民与惠民上。他认为，百姓的力量不可低估，于是有"君者，舟也，庶人者，水也。水则载舟，水则覆舟"

的著名论断。另外，他还说："王者之法，等赋、政事、财万物，所以养万民也。田野什一，关市几而不征，山林泽梁，以时禁发而不税，相地而衰政，理道之远近而致贡，通流财物粟米，无有滞留，使相归移也。"这是要统治者重视百姓的生产，减轻赋敛。荀子还特别强调为政者应当在倡行德政的同时重视法治的作用。他认为理想的施政思想应当是充分运用德治与法治两种治国方式。这是荀子德政思想超越孔、孟的地方，也是荀子德政思想在新阶段的新突破。

儒家德政思想，后世又经董仲舒、朱熹等人不断完善，成为被历代尊崇的理想政治伦理思想和维护社会政治秩序的治国方略。

中国古代德政的特征

德政与民心息息相关，古语云："得民心者得天下，失民心者失天下。"此是亘古不变的真理。从夏朝至清朝，各个朝代的衰亡无不与统治者的残暴无道、"德政"尽失有关。夏桀王、商纣王、周厉王、秦二世、隋炀帝就是这方面的典型。

历史清楚地证明：德兴国兴，德衰国衰，德存国存，德废国废。有人对"皇帝"一词作了如此解释："德冒天下谓之皇"，"德穿天地谓之帝"。作为古代最高统治者的皇帝，如果不行德政，也就成了一个毫无价值的空壳，最后下场，往往如汉代贾谊《过秦论》所说："一夫作难而七庙隳，身死人手，为天下笑。"

因此，历史上的开明政治家，有鉴于王朝衰亡的教训，都会对古代德政思想进行总结，并采取相应的措施。通过分析，古代德政有如下特征。

一是从道德理念上看，我国古代德政的核心是以民为本。《尚书·泰誓》指出"民之所欲，天必从之"，而后的孔子认为"大畏民志，此谓知本"，主张实行"富民""教民"的政策。可以说，自秦汉以后，民为邦本、爱民利民、让百姓安居乐业的执政道德理念占据了主流。

二是传统治政措施一直存在德与刑两个方面。在处理二者关系时，古代德政思想的突出特点是主张德刑兼施、德主刑辅。孔子明确指出"宽以济猛，猛以济宽，政是以和"（《左传·昭公二十年》）。历代开明统治者在治政措施上大都从"德，国之基也"出发，坚持德高于刑。

像汉武帝确立了"务德教而省刑罚"(《汉书·礼乐志》)的治政方针并付诸实践,而在唐代,"德礼为政教之本,刑罚为政教之用"(《唐律疏议》)被写入法典,"德主刑辅"遂成为后世贤明统治者治国安邦的基本方略。

三是人才观念上的贤者治国。治国的关键是用人,传统德政思想一直把贤者治国作为治国的关键理念。孔子认为,实行德政,必须有"贤人",主张"举贤人","远佞人",推行贤人政治。汉代贾谊在孔子"举贤才"主张的基础上,提出"君明、吏贤、民治"(《新书·大政》)的思想。北宋司马光则将德政解释为"贤贤""尊贤",使"贤者在位,能者在职"。因此,几千年来,举贤才、荐忠良、除贪官、清污吏是德政思想与实践的核心内容。

政者正也:领导者的职业素养和为官之道

如前所述,古代德政思想强调领导者要加强自身道德修养,起到表率作用,而"政者正也"就是具体表现之一。

《论语·颜渊》记载，鲁国大夫季康子问政于孔子。孔子对曰："政者，正也。子帅以正，孰敢不正？"此处所谓"政"，即政事、管理的意思。在古代，"政"字亦通"正"，作"正直""公正"讲。孔子巧妙地利用了"政"字的多义性，言简意赅地阐明了领导者的职业素养和为官之道，就是要先修养自身，做到品行端正、处事公正。作为领导者首先端正了，下属谁还敢不端正呢？可见，孔子十分看重"正"在从政中的意义和作用。"政者正也"，主要有三层含义。

首先是正己。孔子说："苟正其身矣，于从政乎何有？"（《论语·子路》）就是说如果领导者以其端正的行为作表率，影响、带动其他人，便能有效地进行领导，这样治理国家还有什么困难呢？孔子把端正自己与治理国家联系起来，明确提出正己才能治国。如果领导者"身不正"，则"虽令不从"，这样国家如何治理得好呢？所以孔子说"为政在人"（《中庸》），并强调领导者要加强自身修养，认真对待工作，使百姓安居乐业，国家长治久安。

其次是先之。领导者正己的目的还在于正人，正人的关键则在于"先之"，即起到表率作用。"子路问政。

子曰：'先之，劳之。'"（《论语·子路》）也就是说，在社会活动中，领导者要身先士卒，苦在人前，乐在人后，处处起到楷模作用，才能使下属"劳而无怨"。

最后是无倦，即永不懈怠。"子路问政。子曰：'先之，劳之。'请益。曰：'无倦。'"（《论语·子路》）在孔子看来，领导者端正自身、为人表率不是一时一事的要求，而是终生努力的目标。也就是说，品行端正、为官清廉、率先垂范，只是"正"的具体表现，而永不懈怠，乃至鞠躬尽瘁、死而后已才是"正"的最高追求。实现了这个目标，才能得到百姓发自内心的信赖和拥戴，才能出现政通人和的景象。

"为政以德""政者正也"的当代价值

中国古代的德政和"政者正也"思想如同一面镜子，清晰地映照出历代统治者治国方略的优劣得失。作为中华民族优秀文化遗产，其思想和精神值得我们继承。

首先，德政思想中蕴含着"善政""安民""以民为本"的思想，强调"为政者"心中有民，处政利民。今天，我们应该清醒地认识到，广大人民群众是国家的主人，各级政府和领导干部的权力都是人民赋予的，作为人民公仆，党员干部要继承和发展古代圣贤、仁人志士的善良愿望和美好追求，树立立党为公、执政为民的理念，认真贯彻中国共产党"一切为了群众，一切依靠群众，从群众中来，到群众中去"的群众路线，建立科学的民主决策机制，保障人民的民主权利，充分发挥人民群众的积极性、主动性和创造性，把全心全意地为人民服务作为一切执政活动的出发点和落脚点，这已不仅仅是从政的道德要求，更是社会制度的根本要求。

其次，德政思想中还强调"德刑兼施""德主刑辅"。历史证明：没有道德引导的法治是政治权力的奴隶，而没有法治保障的道德是空中楼阁。当前强调依法治国，但这绝不意味着我们要放弃道德教化，相反，要更加注重道德对法治的促进作用。我们要明确德与法的不同作用，即"德"的自律和"法"的他律，正如前人所言"礼者禁于将然之前，而法者禁于已然之后"，"礼贵绝恶于未萌"。因此，只有坚持以德治国和依法治国相结合，把社会主义道德认同作为法律的社会基础，把法律作为建立、实行社会主义道德的制度保障，才能构建起社会主义和谐社会，推动经济社会的健康良性发展。

再次，贤者治国是传统德政思想的关键要素和实施保障。在新的历史条件下，我们依然要把选贤任能、知人善任作为选拔各级领导干部中必须遵守的政治道德规范。这就要求我们健全德才兼备、举贤任能的干部人事制度，并将干部的德放在首要位置，坚持以德修身、以德服众。当前被查处的那些贪污受贿、违法乱纪者，能力和学识并不低，却"德行"不足，最终导致身败名裂。

最后，"政者正也"是中国德政的一个具体表现。官无论大小、职位无论高低都应该保持一个"正"字。自古以来，如包拯、海瑞，一身正气，两袖清风，深受百姓的爱戴，其言行也垂范后世。今天，端正自身仍是从政者为政处事的前提和基础。同时，"正"与"公"又是紧密联系的统一体，出于公心才能公正，才能得到百姓的真诚支持和拥护。

此外，端正自身才能端正他人。所谓"正人先正己"，尺子因为直，才能去衡量；处处以身作则，才能纠正别人的过失。以行贿受贿为例，受贿的实质是掌握着一定权力的人经不起金钱物质的诱惑，置党纪国法于不顾，乃至丧失原则。要制止行贿，首先应制止受贿；要求别人不行贿，自己首先要不受贿。

人人都在端正自身，社会风气定会获得根本好转。

六 | 日新之谓盛德

原典

汤之盘铭曰:"苟日新,日日新,又日新。"《康诰》曰:"作新民。"《诗》曰:"周虽旧邦,其命惟新。"是故君子无所不用其极。

——《礼记·大学》

"苟日新，日日新，又日新"这句几千年沿用下来的古语，为我们耳熟能详；"日新"思想即来源于此。它代表着中国文化的基本精神，是激励中华民族改革创新、开拓进取、不断前进的思想源泉，是社会发展、文明进步的不竭动力。

"日新"思想的起源与发展

"苟日新，日日新，又日新"出自儒家经典《礼记·大学》："汤之盘铭曰：'苟日新，日日新，又日新。'《康诰》曰：'作新民。'《诗》曰：'周虽旧邦，其命惟新。'是故君子无所不用其极。"大意是：商朝的开国君主汤在"盘"（一种盛水器皿，这里特指澡盆）上刻了告诫自己的铭文："如一天能够自新，则应该天天自新，新了还要更新。"《康诰》说："鼓励平民百姓要经常改过自新，从而具备新民的气象。"《诗经》上讲："周国虽是旧的邦国，但文王、武王能够自新其德并博施于民，因此可以秉承天命、建立周朝。"所以，君子无时无处不在反省自己的过失、反思自己的生活，坚持改过自新、坚持去追求完美的道德境界。

这一"盘铭"被后世之人特别是儒家学者当成座右铭，以此激励自己锐意向上、奋发图强、与时俱进。究其原因，除了儒家思想流传广、影响大，还与这句话本身一语双关的特点密切相关。

"苟日新，日日新，又日新"本是商汤刻在澡盆上的铭文，那么"新"的本意自然与洗澡有关，即今天把身体洗干净，以后天天都要洗干净，这样一天天地坚持洗净身体，让自己每天都是干净的。而将"洗净身体"的"新"变成"完善自己"的"新"，则是将"新"的含义进一步阐发的结果。

作为开国之君的商汤，要求自身的道德水平如同沐浴一样，能天天洗去自身的过失，使自己的道德修养日日自新。通过这一阐发，中国传统思想领域出现了一个新词——"日新"，意为"日日更新，不断进步"。我们今天常用的"日新月异"一词，就是在这个意思的基础上发展而来的。

儒家对"日新"思想是很重视的。在《周易》的《系辞》中就有这样的话："富有之谓大业，日新之谓盛德。"所谓盛德，在这里是指高尚的品德。为什么"日新"被当作高尚的品德来称赞呢？《周易·升卦》是这样解释的:"《象》曰:地中生木,升。君子以顺德,积小以高大。"儒者认为,品德的积累就像草木从地里长出来一样,日日不停,积少成多,逐渐变得高尚起来,最终实现道德的自我完善。这样看来,《周易》的"君子以顺德,积小以高大",岂不就是"苟日新,日日新,又日新"的另一种说法么?

随着时代的发展,"日新"的思想观念日益深入人心。到了宋代,儒家学者们对它做了进一步的阐发。如北宋著名儒学家张载在解释"日新之谓盛德"时就说:"日新者,久而无穷。"意思是"能够日日更新的事物,就可以长期存在、无穷无尽"。他所说的"日新",显然不止于"道德的自我完善",而是囊括世间万物,意指一切事物都要不断革新,以求生存和发展。

南宋儒家思想的集大成者朱熹,对"日新"也作了诠释。他为《大学》作注时,认为"苟日新,日日新,又日新"这句话除了有"新"(与"旧"相对)和"日日"(日复一日,无有间断)的意思,还可以解释为日日之新、又日之新,都是以最初的一日之新为基础;而每天的"新",其实都是一日之新,第二日便成为"旧",因此除旧立新不可停止。

有学者批判儒家的社会观点保守，理由是他们主张克己复礼，或者干脆说是复古。这样的结论未免过于绝对，儒家强调"日新"，强调不断"进德修业"，顺应时势，这使他们拥有自我完善、锐意革新、持续发展的思想，并将其融入到中华文化的血脉之中。回顾历史，每当社会出现危机、发展遭受阻碍时，总有才智之士挺身而出，主张并推动改革，就是一个很好的例证。

"日新"思想的内涵与价值

如前文所说，"苟日新，日日新，又日新"是一句双关语，既是说洗澡，也是指道德、思想上的自我完善、与时俱进。而后者则是《大学》引用这句箴言要着意强调的，也就是所谓"日新"思想的核心。

一般来说，"日新"就是"永不停息地自我更新"。从这个角度看，它同时具备两方面的内涵：一是内在的，即具有不断向前的动力；二是外在的，即学习新知、完善自己的行为。

《周易·乾卦》说："《象》曰：天行健，君子以自强不息。"意谓有德之人会坚持不懈地使自己强大。这种"自强",并非受外力胁迫或强迫,而是因为君子总能看到自身的缺点,于是不断反省,要求自己变得更好,因之自新自强的行为永不停息。几千年来,"自强不息"已经深深融入我们民族的性格,培养出了中国人独立自主、自尊自强、坚韧不拔、不屈不挠的精神。每当中华民族处于危难之际,总有"能以赤手搏龙蛇"的有志之士站出来,传播先进思想,发动群众,带领人民度过艰险。

自强不息精神,至今仍激励着我们。

除自强不息的精神外,中华民族具有悠久的尚学传统。《论语》开篇便说:"学而时习之,不亦说乎?"自古以来,有识之士都把学习看作充实自己、不断前进的重要途径。他们主张"圣人无常师",强调"三人行,必有我师焉"。到了近代,先进人士看到本国的落后和不足,更是主张向西方文明学习,从而掀起了一次次改革与思想解放思潮。这些运动大多以失败告终,但它们的目的都是为把中华民族带上复兴之路,而且在客观上推动了国家和民族的进步。

"日新"思想,小能促使个人自我完善,大能推动国家、社会变革与发展,其意义实在不可小觑。孟子曾经称赞孔子说："孔子，圣之时者也。"意为孔子是圣人中能够顺应时势发展的一类人。

儒家经典中还有很多要求人们勇于革新、与时俱进的论述，如《周易·系辞》解释"易"这个词，说"生生之谓易"。"生生"二字，就是"生生不息"的"生生"，指生命永远不会停止运动。这种运动的最大特点就是"新"，而且还是"日日新"。这说明，顺应时势、革故鼎新、与时俱进是中华优秀传统文化中的精髓，这种观念既表现于文字，又潜藏在人们的内心深处，而且会在历史的关键时刻迸发出来，形成推动社会进步的强大力量。

"日新"思想的当代意义

如果从商汤时期算起，"苟日新，日日新，又日新"已有将近四千年的"高寿"，真算得上一句"老话"了。然而，直到今天，它仍然没有过时。

2013年5月4日上午，习近平同志到中国航天科技集团公司中国空间技术研究院，参加"实现中国梦，青春勇担当"主题团日活动，同各界优秀青年代表座谈时，引用了这句话，为"日新"思想作了新时代的注解："创新是民族进步的灵魂，是一个国家兴旺发达的不竭源泉，也是中华民族最深沉的民族禀赋，正所谓'苟日新，日日新，又日新'。生活从不眷顾因循守旧、满足现状者，从不等待不思进取、坐享其成者，而是将更多机遇留给善于和勇于创新的人们。青年是社会上最富活力、最具创造性的群体，理应走在创新创造前列。"

具体而言，"日新"思想的现代价值，主要体现在社会和个人两方面。

先说"日新"思想对社会的作用。毛泽东同志曾说："新陈代谢是宇宙间普遍的永远不可抵抗的规律。"确实，旧有事物总会被新生事物所取代，旧的生产关系总会被新的生产关系所取代，历史洪流滚滚向前，顺之者昌，逆之者亡。从治国的角度说，"不日新者必日退"，一个国家只有顺应时势，不断解放思想，推进改革进程，跟上世界发展潮流，才能在充满艰险的竞争中获得"弄潮儿"的资格；而那些故步自封、抱残守缺的国家，则会日益衰弱，甚至沦落到仰人鼻息的境地。近代中国，一大批有识之士主张以新学取代旧学、以新政取代旧政、以维新和革命改变旧体制，继而五四运动以科学和民主为旗帜，指明了中国新文化运动的方向。这是因为他们明白：国家的前途在于革新，在于跟上时代的步伐，如此才能救亡图存、日益强大。

时至今日，我国已经在众多方面取得了突出成就，特别是改革开放以来，中国发生的变化完全可以用"一日千里"来形容。但是，正因为我国处于发展的快车道，生产关系变化剧烈，从而出现了一些前所未有的新情况、新问题，这就需要我们深化推进改革进程，以新的生产关系适应生产力的发展。做到这一点，不仅需要我们正视乃至预测发展带来的新变化，更需要我们具备攻坚克难、敢于突破险隘，甚至牺牲个人利益的勇气和责任感，改变旧观念，大胆创新，与时俱进，使社会发展"日日新，又日新"，最终实现中华民族的伟大复兴。正如中国近现代哲学研究巨擘冯友兰先生手书对联所说："阐旧邦以辅新命，极高明而道中庸。"上联说的是冯先生的学术活动方面，下联说的是冯先生所希望达到的精神境界。冯先生认为，中国虽是一个古老的传统的大国，但通过思想和文化的传承与创新，可以使中国社会建设日新月异且充满生机与活力。

其次，就个人发展而言，"日新"思想也是必不可少的。我国著名的物理学家、制造原子弹的总指挥彭桓武院士，对于原子弹研制成功的经验，曾用一副对联做了一个总结："日新、日新、日日新，集体、集体、集集体。"从这副对联中，我们可以看到《大学》中的"日新"精神对老一辈科学家的人生影响是多么深刻。

人不能生而知之，必须通过学习来获取知识、提高修养。韩愈写过一篇《师说》，在文章中提出"圣人无常师""弟子不必不如师，师不必贤于弟子"的观点，呼吁人们努力学习他人的长处。然而，一个人如果没有"日新"的意识，就很难认识到自身的不足之处，还会为一点成功而沾沾自喜、自高自大，于是不再学习和提高，落到"吃老本"的境地。在古代，由于知识更新速度较慢，这样的人或许还有容身之所；但在高速发展的当代，他的知识结构和思想观念很快就会与时代脱节，变为一个"老古董"，最终为时代所抛弃。从这个角度说，"汤之盘铭"确实值得每个人铭记在心，引为箴言。

七 | 绝知此事要躬行

原典

公尝问康节曰:"某何如人?"
曰:"君实脚踏实地人也。"
　　　　　　——【宋朝】邵伯温《闻见前录》

刘德,景帝子,河间五。修学好古,实事求是。
　　　　　　——《汉书·景十三王传》

1941年，毛泽东同志在延安发表了题为《改造我们的学习》的讲话，里面提到共产党人要"有实事求是之意，无哗众取宠之心"，认为这种态度"就是党性的表现，就是理论和实际统一的马克思列宁主义的作风"。1978年，邓小平同志在中央工作会议闭幕会上发表的题为《解放思想，实事求是，团结一致向前看》的讲话，再次强调了"实事求是"的重要性。直到今天，"脚踏实地、实事求是"的精神仍是我们干好事业的前提。那么，"脚踏实地、实事求是"究竟从何而来，又有着什么样的内涵和价值呢？

"脚踏实地、实事求是"的思想渊源

"脚踏实地"在我国有着悠久的传统。荀子说："不积跬步，无以至千里；不积小流，无以成江海。"这已经蕴含了"脚踏实地"的思想。唐代文学家韩愈在《进学解》中恳切地说："业精于勤，荒于嬉，行成于思，毁于随。"主张学者要勤思考、多学习，不要荒废学业，更不能随波逐流、人云亦云，这无疑也是"脚踏实地"思想的一种体现。

然而，"脚踏实地"一词的出现时间却不是很早。宋朝邵伯温的《闻见前录》卷十八记载："公（司马光）尝问康节（邵伯温之父邵雍，谥康节，北宋著名学者）曰：'某何如人？'曰：'君实（司马光字君实）脚踏实地人也。'"这是"脚踏实地"在文献中的首次出现。据此推测，"脚踏实地"大概是宋朝时的民间俗语，而且当时已用来比喻人做事认真踏实。直到今天，我们仍然在使用它的这个含义。

与之不同的是，"实事求是"这个词出现得很早，但含义却在不断演变。《汉书》卷五十三《景十三王传》中记载，汉景帝的儿子河间献王刘德"修学好古，实事求是"。原来，刘德非常喜欢儒学，他搜购了大量流散在民间的儒家经典，每当有人送来典籍善本，他都命人认真抄录，将抄本回赠给原主，另外还送给原主很多金钱布匹。于是愿意向刘德献书的人越来越多，甚至有不远千里而来的。不仅如此，刘德还对收集到的典籍进行研究，一举一动都按照儒家的要求。所以《汉书》的作者班固说他"修学好古"。至于"实事求是"，则是说刘德在研究典籍时非常注重事实依据，遇到典籍之间说法不同的，则一定要分清是非真伪。由此可见，"实事求是"

这个词，最初是指刘德这种严谨、求实的治学方法和态度，也可以说是一种学术上的方法论。

在汉朝之后的一千多年里，秉持刘德这种态度做学问的学者很多，但很少有人标举"实事求是"四字。到了清朝中期，著名的"乾嘉学派"出现，他们重视考证，尤其重视对经典字句和典章制度的考订，于是"实事求是"四字就成了清人的治学方针。著名学者钱大昕曾说自己的治学态度是"实事求是、护惜古人"，另一位清代学者阮元也说："余之说经，推明古训，实事求是而已，非敢立异也。""实事求是"这个词因而风行一时。

不过，清人说的"实事"指的是蕴含圣贤礼仪的典章制度。"求"是指赖以治学的手段，如音韵训诂等文字学方法、句读校勘等文献学方法。"是"则是治学的最终指归，指经传解释、史实典章等的是非。也就是说，清代的"实事求是"，是通过学术研究考证典章制度记载的对错。这比起刘德专治经典的"实事求是"，所"求"的范畴更广泛一些，但还不是我们今天所用的词义。

"实事求是"一词能具备今天的含义，与毛泽东同志是分不开的。

1941年,毛泽东同志发表了《改造我们的学习》,从马克思主义哲学的高度对"实事求是"作出新的阐释。他说:"实事"就是客观存在着的一切事物,"是"就是客观事物的内部联系,即规律性,"求"就是我们去研究。我们要从国内外、省内外、县内外、区内外的实际情况出发,从其中引出其固有的而不是臆造的规律性,即找出周围事变的内部联系,作为我们行动的向导。而要这样做,就须不凭主观想象,不凭一时的热情,不凭死的书本,而凭客观存在的事实,详细地占有材料,在马克思列宁主义一般原理的指导下,从这些材料中引出正确的结论。

　　经过毛泽东的解释,"实事求是"的含义有了新的变化,指的是从实际对象出发,探求事物的内部联系及其发展的规律性,认识事物的本质。用通俗的话说,就是按照事物的实际情况办事。从此,"实事求是"由单纯的治学方法发展成为放之四海而皆准的唯物主义认识论,具备了普遍的适应性。而代表"认真踏实做事"的"脚踏实地",则被视为"实事求是"的前提。因此,这两个词就逐渐结合到一起,成为求真务实思想作风的代表。

总的来说,"脚踏实地、实事求是"八字连在一起出现,是我国历史进入现代以后的事情。但是,我国古人强调"实事求是"的是非观念,反对空言大话,主张通过严密考证确定某些说法的对错,这些思想正是今日求真务实思想的源头。

"脚踏实地、实事求是"思想的内涵与价值

"脚踏实地、实事求是"这八个字所代表的,其实就是我国历史上重视实学、实务,反对空疏作风,强调认真做事、踏实做人的思想,如果用四个字来概括,就是"求真务实"。那么,我们应该如何理解这种思想的内涵呢?或许可以将其分解为两个联系密切,但又各自有其独立性的部分来解释。

首先,对就是对,错就是错,不因主观意愿而转移,而以客观事实为准绳,这是"求真务实"或者说"脚踏实地、实事求是"最根本的要求。一方面,一切物质的运动都有其客观规律,如果抓不住事物内在的这些规律,就不可能真正理解事物产生、发展、变化的原理,最多是套用机械的教条去解释问题,很容易得出似

是而非的结论,带偏认识事物、改造事物的方向,这是我们应该避免的。另一方面,个人对事物的认识,往往是片面的、不完善的,而且我们在认识事物的时候,还难免会受个人情绪和既有知识结构的影响,导致"戴着有色眼镜看问题",这就更容易产生错误的见解。毛泽东在《改造我们的学习》中强调,要"不凭主观想象,不凭一时的热情,不凭死的书本,而凭客观存在的事实,详细地占有材料,在马克思列宁主义一般原理的指导下,从这些材料中引出正确的结论",就是针对这两方面的问题开出的药方。

其次,有求真务实的意愿,懂得实事求是的方法,还需要脚踏实地去做。司马光主持编纂的《资治通鉴》,至今仍被称为史学经典,这固然是因为他坚持实事求是的方针,做了很多历史考证的工作,尽量接近了历史的真实;但最关键的,还是司马光有认真、踏实、勤奋的工作态度,能够做到脚踏实地、坚持不懈。据记载,司马光主持编纂《通鉴》,先由助手撰作"丛目",再据此写成"长编",最后由司马光亲自阅读和统稿,前后用了十九年时间,才最终完成。其实,我们在工作、学习与生活中遇到的问题,除了极少数(主要是高精尖领域的科研问题）可能需要"天才的一闪念"，绝大多数都是要抓住核心问题，脚踏实地地一步一步向前推进。即使看起来是凭借"天才"的解决方案，也往往建立在此前认真踏实工作的基础上，所谓的"天才想法"，不过是在某方面积累足够深厚之后迸出的思想火花而已，不是空中楼阁式的妄想。

明白了这两个道理，我们就能比较好地理解"脚踏实地、实事求是"的内涵。这种精神的核心，是以认真踏实的态度作为指导，客观地认识事物，在充分占有材料的基础上得出正确结论，进而解决各种问题。毛泽东同志曾说："这种态度，有实事求是之意，无哗众取宠之心。这种态度，就是党性的表现，就是理论和实际统一的马克思列宁主义的作风。这是一个共产党员起码应该具备的态度。如果有了这种态度，那就既不是'头重脚轻根底浅'，也不是'嘴尖皮厚腹中空'了。"这是值得我们铭记的。

说到这里，"脚踏实地、实事求是"精神的价值已经不言自明。任何一个人，只要具备这种精神，并将它时刻应用在自己的工作和学习中，都可以避免犯主观主义的错误，避免给自己、给单位、给国家造成损失，避免"救之不及"与"悔之晚矣"。"科学是老老实实的学问，任何一点调皮都是不行的。"以科学的思想武装自己，以科学的方式看待事物，以科学的头脑思考问题，这一切，都要依赖于"脚踏实地、实事求是"的精神才能实现。

"脚踏实地、实事求是"在当代的意义

随着时间的推移，"脚踏实地、实事求是"精神已融入中华文明的血脉，成为中国文化基因的一部分。即使在文化、科技都已获得巨大发展的今天，这种精神仍是公认的美德之一。

在2012年中央党校春季学期第二批入学学员的开学典礼上，习近平同志发表题为《坚持实事求是的思想路线》的重要讲话，要求学员"在学习和工作中，要注意深刻理解实事求是的科学含义和精神实质，正确掌握实事求是这个马克思主义的精髓和灵魂，始终按实事求是的要求办事"。2013年5月，在考察天津人力资源发展促进中心和天津职业技能公共实训中心时，他勉励当代大学生要志存高远，脚踏实地，把人生的路一步步走稳走实，善于在平凡的岗位上创造不平凡的业绩。2014年2月7日，他在俄罗斯索契接受俄罗斯电视台主持人布里廖夫采访时说："中国有960万平方公里国土，56个民族，14亿多人口，经济社会发展水平还不高，人民生活水平也还不高，治理这样一个国家很不容易，必须登高望远，同时必须脚踏实地。"

我们之所以如此重视"脚踏实地、实事求是"，根本上是因为这一精神对国家建设具有重要意义。我们的国家在历史上走过很多弯路，其经验教训是多方面的，但深究起来，往往可以归结为没有认真踏实的工作作风，不能实事求是地认识事物、分析问题，导致主观主义泛滥，最终导致小到一项工程、大到数项政策的失误，我们也为此付出过沉痛的代价。"这种作风（指主观主义），拿了律己，则害了自己；拿了教人，则害了别人；拿了指导革命，则害了革命。"毛泽东同志在八十多年前所作的论断，是我们应该汲取的。

当代世界是科技发展一日千里的世界，是社会经济文化不断发展、人民的需求不断变动的世界，是老方法、旧理念已经不能良好适应新环境、解决新问题的世界。因此，脚踏实地、实事求是就显得更为重要，它是我们妥善处理一切事务，进而正确引导社会的发展，实现中华民族的伟大复兴的前提和条件。正如习近平同志所说：只有通过调查研究，努力掌握全面、真实、丰富、生动的第一手材料，真正搞清楚本地区本部门本单位的实际情况，真正搞清楚影响改革发展稳定的突出问题，真正及时了解人民群众的所思所盼，我们才能真正掌握客观实际中的"实事"，做到耳聪目明、心中有数。而这始终是我们进行一切科学决策所必需的也是唯一可靠的前提和基础。

八 | 知者行之始,行者知之成

原典

博学之,审问之,慎思之,明辨之,笃行之。

——《礼记·中庸》

朕惟孔子之道,自孟轲后不得其传,至我朝周敦颐、张载、程颢、程颐,真见实践,深探圣域,千载绝学,始有指归。

——《宋史·理宗纪》

知是行的主意,行是知的功夫;知是行之始,行是知之成。只说一个知,已自有行在;只说一个行,已自有知在。

——王阳明

近来,"知行合一"和"经世致用"成为社会上的热词。在《现代汉语词典》中,这两个词的解释虽然不尽相同,但它们的内涵却无太大差别,都是指将学到的东西用在生活和工作中,也就是今天所强调的"躬行实践"。那么,这种实践思想究竟发端于何时,是怎样发展和演变的,其现实意义又是什么呢?

实践思想的历史源流

据《宋史·理宗纪》记载,宋理宗曾下诏说:"朕惟孔子之道,自孟轲后不得其传,至我朝周敦颐、张载、程颢、程颐,真见实践,深探圣域,千载绝学,始有指归。"其大意是说:孔子所秉承的"道",从孟子之后就没有传人了,北宋大儒周敦颐、张载、程颢、程颐等人,既有真知灼见,又能实际践行,他们深入探索孔子的学说,为断绝已久的儒学正宗重立宗旨。宋理宗的观点是否正确姑且不论,但他称赞周、张、二程"真见实践",确是"实践"一词在现存文献中的最早出处。

然而,需要指出的是,"实践"一词虽然晚在宋代才出现,但中国人重视实践的思想和传统却在先秦时期就已经发端了。儒家创始人孔子就曾经说过："诵《诗》三百，授之以政，不达；使于四方，不能专对；虽多，亦奚以为？"意思是，一个人，虽然熟读《诗经》三百篇，但主持政务不能治理好国家，负责外交不能赋诗以表意，那他即使读了再多的诗篇，又有什么呢？春秋时期，政治家和学者们经常引用《诗经》的句子，或作为政策依据，或作为外交辞令。孔子以《诗经》授学，不只是为了培育学生的文化修养与道德情操，也是希望他们能够学以致用，在遇到以《诗经》对答的正式场合时，不至于陷入"无以言"的窘境。这是孔子时代的"实践思想"。

孔子之后，学者聚徒讲学的风气日渐兴盛，形成了儒家、道家、墨家、名家、法家、阴阳家等诸多学派。各派学者虽然主张不同，但都希望将自己的学说用于治世安民、富国强兵，西汉史家司马迁说他们"各著书言治乱之事，以干世主"，是当时情况的真实反映。战国时期，这些奔走于列国之间，游说诸侯与权臣的学者，都是关注世道治乱，愿以其所学改造国家与社会的入世者，由于他们力求将自己的学说应用于现实，所以非常重视实践精神。像墨子就主张"口言之，身必行之"，要求做到言行一致。《礼记·中庸》有云："博学之，审问之，慎思之，明辨之，笃行之。"将学习与实践放在了同等重要的位置。荀子更是提出"不闻不若闻之，闻之不若见之，见之不若知之，知之不若行之"，进一步强调了实践的意义。

先秦诸子之后的人们同样也非常重视实践精神。汉代重视经学，汉儒就"以《春秋》决狱，以《禹贡》治河，以三百篇（指《诗经》）当谏书"，将其应用于现实生活中。在今天看来，我们当然会觉得汉代的学者们迂腐甚至可笑，但就当时的实际情况而言，经学应该是那个时代最先进的知识体系了。汉代的儒者能将学术思想用于政治生活，以之指导自己的实践活动，确实是学以致用的体现。

自宋代开始，儒学登上了一个新的高度，宋代学者在精研孔孟之学的同时，也普遍能将自己理解的儒家宗旨施展于治民理政、教书育人之中。宋儒中的佼佼者，如周敦颐、张载、程颢、朱熹、陆九渊等，在担任官职时都表现出了很强的治民理政能力，为同时代的人所称赞。对他们来说，"知"当然是很重要的，但"知"后的"行"尤为要紧。

到了明代，继承陆九渊思想体系的学者阳明先生——王守仁，更是极其强调"知"和"行"的统一，他说："知是行的主意，行是知的功夫；知是行之始，行是知之成。只说一个知，已自有行在；只说一个行，已自有知在。"在他看来，"知"和"行"是一体两面的，没有先后高下之分，与"行"分离的"知"，不是真知。这就是著名的"知行合一"学说。这种理论针对的是当时能知不能行、不知而妄为的坏风气，推动了知识分子将自身的理念、知识付诸实践。

明朝晚期，很多学者和从政者又陷入空谈理论的误区，面对现实中的弊病，他们往往手足无措。明亡清兴后，有一批学者总结教训，认为明朝之亡与欠缺实践能力有很大关系。为矫正其弊，他们提出了"经世致用"的口号，顾炎武、黄宗羲、王夫之等人就是这些学者中的代表人物。顾炎武曾痛斥那些只会空谈的学者："书生徒讲义理，不揣时势，未有不误人国家者。"

有鉴于此，顾氏自己的著作如《天下郡国利病书》《肇域志》《日知录》等，都力戒空谈，力图为当时社会提供鉴戒与帮助，有很强的现实意义。这种"经世致用"的精神，与先秦以来学者主张学以致用、重视实践的优良传统是一脉相承的。

由此可见,注重实践、知行合一、经世致用是我国自古以来珍贵的思想财富。具备这种思想的人具有"坐而言,起而行"的作风,他们既有"达则兼济天下"的志向,又能将自己学到的知识投诸济世安民的践行活动之中,为国家与社会贡献自己的一份力量。无论在什么样的历史时期,这种思想的拥有者都是值得尊重的。

实践思想的内涵与价值

如前所述,我国古代实践思想包含了"强调践行、知行合一、经世致用"等多方面的内容,这几个方面在内涵上有互相重合之处,也有各自的特性,如果就每一项单独解释,前后难免会有重复。为求理解的透彻与简明,我们可以从下述两个方面来探讨实践思想的内涵。

首先,实践思想的意义在于"经世致用"。总的来说,我国古代的学者所掌握的知识,无论修身养性,还是富国强兵,其最终目的都在于借助知识"致君行道",力求解决现实社会中的各种矛盾,构建一个完美的理想世界,这就是孟子所说的"达则兼善天下",也即清初学者提出的"经世致用"主张。儒家之所以能够在与其他各家的竞争中最终取得决定性优势,也是因为儒家在广泛吸收各家之长以后,形成了一个在当时涵盖范围最广、可行性最强的思想体系与知识体系,依从其理念,利用其知识,能够有效推动国家与社会的发展进步。即使是看似虚之又虚的宋明理学,其目的也在于指导学者淬炼心性,使其人能够体会孔孟之道,最终以实现"内圣外王"的完美人格为期许,归根结底仍是以知识指导实践的学术,其他学派更不例外。用今天的话说,就是让知识服务于社会。做到这一点,我们就能知道来自推论、冥思与典籍的知识是否正确,是否具有现实价值,知识体系也就不会变成空中楼阁。

其次,实践思想的关键在于"知行合一"。我国古代的思想体系和知识体系虽然整体上是倾向务实的,但毋庸讳言,其中"形而上"的部分也很容易引导学者陷入空谈。这就导致了很多学者虽然知识丰富,说起历代典章制度沿革头头是道,谈论心性天理滔滔不绝,但却严重欠缺实践经验,更不知道自己所掌握的知识是否适用于当前社会。清初思想家颜元也批评明末儒者,说他们"无事袖手谈心性,临危一死报君王",这些明儒正是能"知"不能"行"的典型。只有把"知"和"行"联系起来看待,而非视为孤立的存在,才能正确地发挥知识的力量,也才能做到以实践检验知识的真理性,并反过来改造自己已具有的知识。

言至于此,我们可以对实践思想的内涵给出一个比较完整的总结。这种思想的要点,其实在"躬行"二字,也即人们通过实践获取、检验、改造自己对外界的认识,亦即知识,再以这些知识为指导,推动实践活动的进步。所谓经世致用、知行合一,其意义皆在于此。毛泽东同志在《实践论》中说:"理论的基础是实践,又转过来为实践服务。"我国古代的实践思想,其实也是一种朴素的实践论。

既然我们已经认识到实践思想的内涵所在,其价值自然就显而易见了。简而言之,实践思想能够有效推动人们将知识与行动结合起来,在实践中总结出一定的知识,并借助知识指引新的实践,由此推动认识世界、适应世界、改造世界的进程。在我国历史上,一代代知识分子投身于政治、经济、科技、文化等各方面的实践,尤其是在济世安民、富国强兵的问题上呕心沥血,而不崇尚许由洗耳、接舆狂歌式的避世情怀，是与实践思想的影响是分不开的。

实践思想的现实意义

作为中华民族的宝贵财富，实践思想不仅对古代社会的发展有着重要影响，于当代仍有正面意义。

首先，实践是检验知识和真理的唯一标准和最好方式。在工作中，我们时常会遇到新的知识、概念和理论，许多看起来很有道理，也有实用性，但是否真的有助于我们的工作和生活呢？对其进行检验的最好方法，就是把"知"和"行"联系起来。通过实践，我们就可以清楚地明白哪些知识、概念和理论是真理，具有现实意义，可以推广和普及，使其成为社会发展的助力；而那些没有取得预期成果，甚至造成一些不良后果的，则证明"知"并不适合"行"的要求。南宋诗人陆游曾说："纸上得来终觉浅，绝知此事要躬行。"就是这个道理。

其次，实践精神有助于反腐倡廉、诚信施政的实行。孔子说"为政在人，取人以身，修身以德，修道以仁"。意谓政治的要义在于以人为本，衡量人的标准在于自身的道德修养，道德修养的根本原则在于实践仁道。《周礼·天官·冢宰》提出从廉善、廉能、廉敬、廉正、廉法、廉辨六个方面考核官吏的廉德，称为六计。《管子·牧民》又提出了"礼义廉耻，国之四维"的核心价值体系的论述。然而，当今有些从政者知行分裂，说一套，做一套，一面高喊廉政建设，一面大搞贪污腐化，败坏了党风政风，也失信于民，为人民所厌恶唾弃。在这种情况下，尤其有必要提倡"知行合一"的实践精神，以提升干部队伍的道德人文素质。这对启迪官员的道德良知，遏制贪腐之风，推行廉洁政治是有正面作用的。也只有遏制了贪腐之风，真正做到执政为民，才能取信于民，实现长治久安。

最后，空谈误国，实干兴邦。遥想魏晋时期，风流名士以清谈为风尚，被王羲之斥为"虚谈废务，浮文妨要，恐非当今所宜"，后人更是批评两晋亡于清谈，遂有顾炎武"清谈误国"之说。因此，我们要以史为鉴，不仅要反对从政人员陷入清谈文化之中，防止他们只会"空谈大义"，更须强调从政人员应务实、实干，用所学知识和实际行动解决具体问题，践行为人民服务的宗旨。

2013年3月1日,中共中央党校举行建校八十周年庆祝大会暨2013年春季学期开学典礼,习近平同志出席并发表了重要讲话。他在讲话中强调,好学才能上进。中国共产党人依靠学习走到今天,也必然要依靠学习走向未来。我们的干部要上进,我们的党要上进,我们的国家要上进,我们的民族要上进,就必须大兴学习之风,坚持学习、学习、再学习,坚持实践、实践、再实践。全党同志特别是各级领导干部都要有加强学习的紧迫感,都要一刻不停地增强本领。这是明确要求全党同志尤其是各级领导干部在实践上下功夫,就是要求我们在躬行实践方面继续深入,避免"懒政怠政,为官不为"的毛病,为国家、民族的强盛作出自己的贡献。在中华民族复兴的进程中,躬行实践的思想必将继续放射出自己的光辉。

九 | 大鹏之动,非一羽之轻

原典

（诸葛亮）夫参署者，集众思，广忠益也。
　　　　　　　　　——【晋】陈寿《三国志·蜀书》

汉屈群策，群策屈群力。
　　　　　　　　　——扬雄《法言》

子贡曰："如有博施于民而能济众，何如？可谓仁乎？"子曰："何事于仁！必也圣乎！尧舜其犹病诸！夫仁者，己欲立而立人，己欲达而达人。就近取譬，可谓仁之方也已。"
　　　　　　　　　——《论语·雍也》

集思广益、博施众利、群策群力，是中华民族的传统智慧。这三句话虽然在文献典籍中各有出处，内涵各不相同，却含有同一个精神实质，这就是我们今天常说的"充分发动群众和集体的智慧力量"。那么，中国古人是如何"发动群众和集体的智慧力量"的？集思广益、博施众利、群策群力这三句话，又具有怎样的现实意义呢？

"集思广益、博施众利、群策群力"思想的历史源流

　　《诗经·大雅·板》中有"先民有言，询于刍荛"的句子，意为"古代的圣贤们说过，要肯于向割草打柴的人请教"。相传《板》是西周大臣凡伯为劝谏周厉王而作的诗，可见我国的先民很早就知道广泛听取百姓意见的好处。

　　"集思广益""群策群力"思想由此发端。

　　战国时期，道家学者慎到在《慎子》中进一步提道："亡国之君，非一人之罪也；治国之君，非一人之力也。……然而尧有不胜之善，而桀有运非之名，则得人与失人也。故廊庙之材，盖非一木之枝也；粹白之

裘，盖非一狐之皮也；治乱安危，存亡荣辱之施，非一人之力也。"慎到的意思是，国家的兴衰成败，要看君主能不能妥善使用国内的人才，如果能让臣子各尽其才、各竭其力，就能使国家兴盛。相应地，《荀子·成相》中有这样的话："拒谏饰非，愚而上同，国必祸。"认为君主如果拒绝臣下的意见，下属如果一味附和君主的想法，国家就要遇到灾祸了。可见，早在两千多年前，我国的思想家就已经知道，一个人的才智无论如何也比不上群体的智慧，只有大家各抒己见、各显其能，才能把国家治理好。

西汉初期，刘邦在打败项羽、建立汉朝后，曾经询问群臣："我为什么能胜过项羽呢？"大臣们认为刘邦能让人才为自己尽心竭力是最主要的原因。刘邦却说："你们只知其一不知其二，我出谋划策不如张良，稳定后方不如萧何，打仗不如韩信，这三位都是人杰，但我能任用他们。项羽只有一个范增，还不能恰当地任用。这是项羽败给我的主要原因。"

在这段交谈中，大臣们只看到了刘邦善于笼络人才，刘邦则更深一层地看到了自己能够把合适的人放到合适的位置上，让人才发挥恰当的作用。西汉晚期的著名文学家、思想家扬雄针对刘邦战胜项羽一事评论道："汉屈群策，群策屈群力。"意思是汉（这里代指刘邦）能够让大家一起想尽各种策略，而这些策略又能彻底发挥众人的能力。

这句话正是"群策群力"一词的最初来源。

到了三国时期，名相诸葛亮曾经在给幕僚的一份指令中说："夫参署者，集众思，广忠益也。"这句话的意思是：官员的职责，就是把众人的智慧集中起来，广泛收集有价值的意见。

诸葛亮这样说，目的在于要求幕僚们多提意见、敢于直言，不要怕与长官的意志不符，要做到知无不言、言无不尽。诸葛亮生前，蜀汉政权呈现出欣欣向荣、安定团结的局面，与诸葛亮能够"集思广益"，虚心听取正确意见的做法是有密切联系的。此外，唐太宗也以善于听取群臣意见，能使群臣各尽其用而闻名，著名的"贞观之治"能够实现，固然与唐太宗本身的才智出众分不开，但更重要的是魏徵等大臣尽心补益、直言规谏，唐太宗也乐于接受他们的意见。其实，纵观中国历史，凡是出色的政治家、军事家，大都具有能够虚心听取意见的长处和善于发动众人出谋划策的能力，而专断跋扈、师心自用的人，则罕有能作出成绩来的。

从另一方面看，中国古人也很重视维护群众的利益，借此获得群众的拥护，以求更好地调动群众积极性。《论语》记载，子贡曾经问孔子："如有博施于民而能济众，何如？可谓仁乎？"所谓的"博施于民而能济众"，是指广泛地给人民恩惠，以使大众都获得周济，其实就是上文提到的"博施众利"。对于得意门生的询问，孔子非常认真地回答道："何事于仁？必也圣乎！尧舜其犹病诸。"这何止是"仁"呢？已经达到"圣"的境界了啊，连尧舜这样的上古圣王都不敢说自己一定能做到呢。孔子是极为推崇尧舜的，他对"博施于民而能济众"的高度评价，从另一个角度证明我国古代思想家对于造福百姓的重视。

在历史上，有很多"博施众利"而获得百姓拥护，从而进一步调动他们智慧和力量的实例。最早的大概是周武王伐纣灭商之后，"发鹿台之钱，散钜桥之粟"，很快就获得了苦于纣王暴政已久的人民的热烈支持，为西周王朝的建立打下了良好基础。除此以外，西汉时期，文帝、景帝两代皇帝执政期间，朝廷经常减免农民的赋税，然而，国家的总收入却没有减少。据《史记·平准书》记载，经过汉文帝、汉景帝的经营，京城国库里的钱和粮食都堆积如山，使用不尽，甚至穿钱的绳子都烂掉了，库存的粮食也有变质的。究其原因，主要是两位皇帝通过政策调整使百姓得到了实惠，提高了他们的生产积极性，促进了财富的增值，这也是"博施众利"的一个显例。至于在新民主主义革命时期，我党推动的土地改革运动对取得革命胜利的重要意义，就更是人人皆知了。

由此可见，"集思广益、博施众利、群策群力"思想，在我国历史上源远流长，也是中华文化血脉的重要组成部分。后来，人们用朴素的语言描述这种思想，总结出"一个篱笆三个桩，一个好汉三个帮""众人拾柴火焰高"等俗语，流传至今，可见其无论是深入人心的程度，还是在我国传统思想中的地位，均不可小觑。

"集思广益、博施众利、群策群力"思想的内涵与价值

应该看到，"集思广益、博施众利、群策群力"思想，既是中华优秀传统文化的重要组成部分，也在现当

代国家建设、社会发展的进程中起着重要作用。那么，应该如何理解这种思想的内涵呢？我们不妨从以下几个方面来解读。

首先，"集思"是为了"广益"，"群策"是为了"群力"，发动群众和集体的智慧与力量，根本目的还是为了推动国家、社会、集体的发展。有一句古话说："一人计短，众人计长。"但也有成语形容大家各执己见、争论不休的样子，如"众说纷纭""莫衷一是"。同样是大家一起出主意，为什么有的能推动事业的进步，有的却把本来很好的事情弄糟了呢？这是因为，具体的做法不同、宗旨不同，收到的效果也不同。能够促进事业发展的"集思广益"，一定有明确的方向和目的性，能够通过思想火花的碰撞，形成更清晰的认识和思路，并在讨论后形成合力；而那些争执得脸红脖子粗，还得不出结论的意见，往往是大家各怀利益、各有想法，不懂得妥协，更不知道如何合作，以致在讨论中反而加深了矛盾。所以说，想要做到集思广益、群策群力，不能仅在形式上"虚心听取大家的意见"，实际却将这些意见置于脑后；更不能海阔天空、漫无边际地"各抒己见"。只有提前理清思路，在明确目标的前提下，让所有人切实参与、献计献策、共进共赢，才是真正的"集思广益、群策群力"。

其次，博施众利，也不等于吃大锅饭，更不等于收买人心，而是通过合理的分配制度增进归属感、提升凝聚力，使大家心往一处想、劲往一处使，终极目的仍是促进事业的发展。"博施众利"的思想涉及利益的分配，容易使人产生错误的理解。有些领导者花起钱来大手大脚，美其名曰"改善员工福利"；有些领导者在搞业绩考核时只"奖"不"罚"，员工不管工作成绩好坏，多少拿点儿奖金……这是"博施众利"吗？不，这样只会影响大家的工作积极性，把工作越做越差。我们不妨设想，如果西汉初期的汉文帝、汉景帝不是削减赋税，而是毫无原则地向全国百姓发放钱财，还会有历史上的"文景之治"吗？身处思想开明的当代社会，我们当然不必耻于言利，但利益的分配必须是合理的、有制度依据的，这样才能有效地起到鼓舞人心、调动集体力量的作用。

最后，"集思广益、博施众利、群策群力"思想还具有民主色彩，它反映出的对百姓意见的重视，对集体能力的肯定，都体现了古代朴素的民主观。"集思广益""博施众利"与"群策群力"的相同点是什么？相同点是都强调了"群体（或集体）"这个概念。毛泽东同志说："依靠民众则一切困难能够克服，任何强敌能够战胜，离开群众则将一事无成。"这是对群体力量最恰当的评价。领导者只有与下属同心同德、共同面对问题，并虚心听取大家的意见，而不是高高在上，独断专行，才能充分调动下属的智慧和力量，推动工作和事业的不断进步。

总之，"集思广益、博施众利、群策群力"思想不仅是一种工作方法，也是一种执政理念。善于运用这种思想，对于推动国家发展，促进社会进步，将起到不可忽视的正面作用。

"集思广益、博施众利、群策群力"思想的当代意义

《国际歌》的歌词中，有这样一段名言："从来就没有什么救世主，也不靠神仙皇帝！要创造人类的幸福，全靠我们自己！"这是马克思主义群众观的最好体现。马克思和恩格斯在他们的著作里反复强调：工人阶级的解放是工人阶级自己的事情。也就是说，社会主义事业是工人阶级以及其他劳动人民的事业，要建设社会主义，除了群众自己，没有别人可以依靠。

毛泽东同志深刻地把握住了这一点，在几十年的革命实践过程中，他逐步发展了这一思想，提出了一系列卓越见解，形成了"一切为了群众，一切依靠群众，从群众中来，到群众中去"的群众路线，这是我们党的一个无往而不利的"法宝"。从历史上看，我们党之所以能战胜敌人，取得执政党的地位，关键就在于我们党善于发动群众、依靠群众、团结群众，赢得人民群众的拥护和支持。明白了这一点，"集思广益、博施众利、群策群力"思想在当代社会的意义就显而易见了。

历史告诉我们，在我国"一穷二白"的建设时期，在改革开放初期，我国面临着巨大的困难，但我们依靠发动群众和集体这个法宝，集思广益、群策群力，最终比较顺利地渡过了难关，获得了发展；而依靠发展获得的红利，我们又逐步实现着"博施众利"的目标。可以说，我国的国家建设成果根本上是依靠群众和集体的智慧和力量获得的，这正是"集思广益、博施众利、群策群力"思想在当代的实际应用。

从另一个角度说，人类自从进入工业社会之后，分工合作就变得越来越重要。以往一个人可以制造的简单生产工具，现在变成了需要成百上千人合力制造的精密机械设备；从前的发明创造往往是某个"天才"灵机一动产生出来的，现在却要依靠无数相关实验室在长期的研究、设计、实验中找出方向。也就是说，在社会化大生产的条件下，分工越来越细致，专业越来越深化，生产和科研已经由"单打独斗"变成了系统工程。因此，如何依靠集体的智慧，激发众人的工作热情，集中群众的力量办好事、办大事，必然是当代领导者面临的重要课题。

2013年6月18日，党的群众路线教育实践活动工作会议在北京召开，习近平同志出席会议并发表重要讲话，对全党开展教育实践活动进行部署。他强调指出：群众路线是我们党的生命线和根本工作路线。实现中华民族伟大复兴的中国梦，必须紧紧依靠人民，充分调动最广大人民的积极性、主动性、创造性。开展党的群众路线教育实践活动，就是要使全党同志牢记并恪守全心全意为人民服务的根本宗旨，以优良作风把人民紧紧凝聚在一起，为实现党的十八大确定的目标任务而努力奋斗。习近平同志把群众路线放到"生命线和根本工作路线"的高度来看待，是从历史事实中得出的结论，也是对当前社会主义建设需求作详细分析的结果。因此，我们应当把如何处理与群众的关系、如何发动集体的智慧放在重要位置，真正做到"集思广益、博施众利、群策群力"，从而为中华民族的伟大复兴贡献力量。

十 仁者，人也

原典

樊迟问仁。子曰："爱人。"

——《论语·颜渊》

君子之爱人也以德,细人之爱人也以姑息。

——《礼记·檀弓》

中国素有"礼仪之邦"的美誉，非常重视人与人之间的和睦相处，以尊重彼此、互亲互爱为准则，仁者爱人、以德立人，就是这一理念的真实写照。那么，仁者爱人、以德立人的思想究竟起源于何时，又是如何影响着我们的工作和生活的呢？

"仁者爱人、以德立人"的思想源流

"仁"是儒家十分推崇的一种道德品质，从孔子开始，就把"仁"当作对个人道德的最高评价。为了向弟子解释何为"仁"，孔子可谓费尽了心思。《论语·颜渊》中记录了孔子和弟子樊迟的对话："樊迟问仁。子曰：'爱人。'"这是"仁者爱人"一语最初的由来。

樊迟是孔子晚年的重要弟子，名列"七十子"，他曾多次向孔子请教"仁"的含义，孔子每次的回答都有所不同，各有偏重。比如此次以"爱人"为答案，就是强调"仁"这一概念中"泛爱众"，即"爱他人"的一面。这一理念也为孔门的后学所继承，孟子就曾说："君子所以异于人者，以其存心也。君子以仁存心，以礼存心。仁者爱人，有礼者敬人，爱人者，人恒爱之；

敬人者，人恒敬之。"从这段话中可以看出，孟子认为，君子的心中必须谨记"仁"和"礼"。牢记"仁"，就会对人表现出友爱；不忘"礼"，就会尊重他人。君子"以仁存心，以礼存心"，爱人敬人，也就会相应获得他人的爱护和敬意。显然，孟子对"仁者爱人"的阐述，就理论的完善程度和逻辑的严密性而言，比孔子对弟子的简短回答更进了一步。

自孟子以来，儒学又经历了多个发展阶段，但"仁者爱人"始终是儒家的核心观念。西汉大儒、公羊学派的代表人物董仲舒说："仁之法在爱人，不在爱我。"他将"爱人"与"爱我"对举，无形中加强了对"爱人"的强调。不止如此，董仲舒甚至说："质于爱民以下，鸟兽昆虫莫不爱，不爱，奚足谓仁？"话说到这个程度，已经超越了孔子"泛爱众"的价值理念，隐约有了一点儿现代人与自然和谐共存思想的影子，甚至连倡导兼爱的墨家、主张慈悲的佛教，都未免要瞠乎其后。

当然，董仲舒这样说，目的并不在于倡导生态保护，主要还是为了强调"仁"的博爱性质，故而举了一个简单易懂、在当时来说略显极端的例子而已。

相对地，南宋理学集大成者朱熹则是从哲学角度深入分析了"仁者爱人",他说:"仁是爱之理,爱是仁之用。"所谓的"理",就是我们今天说的本体、本质;所谓的"用",现在一般理解为外在的表征、现象,也指作用、用途。用现代语言解释,朱熹其实就是说:"仁"是"爱"的根本,"爱"是"仁"的表现。朱熹这一涉及哲学思辨的探讨,一定程度上已经属于伦理学研究的层面了,较孔子、孟子、董仲舒的说法显然更有深度了。

当然,"仁者爱人"的"爱",是有讲究的。所谓"爱人",显然不能是无分寸、无原则的"溺爱",不然纵容出一群任性妄为之人,给社会带来负面影响,怎能谓之仁呢?早在《礼记·檀弓》篇中,儒家先贤就发出"君子之爱人也以德,细人之爱人也以姑息"的警示。所谓"爱人以德",就是指在遇到朋友、上级犯错的时候,要以道德标准为原则,不避讳、不偏护,恰当地指出他们的问题,以此作为对他们的关心和爱护。

《大学》中有"富润屋,德润身"的话,意为"财富可以使房屋变得美观,道德可以使人变得美好"。儒者之所以时刻用道德修养来要求人、培养人,最主要的原因在于他们深刻认识到人际关系的维护和社会的发展离不开道德这一重要的社会规范,如果道德标准崩溃,社会必然会陷入混乱和倒退。所以，儒家在讨论个人行为准则时，总是坚决倡导以社会公序良俗为依归、以道德修养为安身立命之本的理念，这种理念其实就是"以德立人"。

"以德立人"的思想，在我国古代往往以谏诤与逆耳良言的形式体现出来。《韩非子·外储说左上》中有"夫良药苦于口，而智者劝而饮之，知其入而已己疾也"的话，这里的"已"当"治愈"讲，"已己疾"就是"治好自己的病"。《孔子家语》的《六本》篇中也有类似的说法："良药苦于口而利于病，忠言逆于耳而利于行。"另一方面，儒家学者也非常强调个人的自我修养，前文提及的《大学》中就有这样的话："自天子以至于庶人，壹是皆以修身为本。其本乱而末治者否矣，其所厚者薄，而其所薄者厚，未之有也。"也就是说，儒家学者认为：无论一个人身份是高是低，都要把提高个人道德水准当成根本要务来抓。这种理念在历史上的体现不胜枚举。总的来说，"仁者爱人、以德立人"思想是我国传统思想宝库的重要组成部分。这种思想无论在古代还是现代，都深刻地影响着国人，促使我们在提高个人道德修养的同时，也不忘爱护和促进他人的进步，这是非常难得的。

"仁者爱人、以德立人"的内涵与价值

"仁者爱人、以德立人"的思想源远流长。那么，这种思想究竟包含着哪些内容，对于我们个人乃至于社会，又有什么样的价值呢？不妨从以下几个方面来认识。

首先，"仁者爱人、以德立人"是一种与人为善的思想。"仁者爱人"一语，重点在爱的对象，是"爱人"而非"爱我"，也就是要时时对他人展现善意，且不计较自己的得失。如果大多数人都能做到这一点，我们的社会在道德上将会有长足的进步。孟子说："爱人者，人恒爱之；敬人者，人恒敬之。"指的就是通过善意的交流带来现实情感的融洽，进而促进社会的和谐。这种思想被后世学者所发扬，衍生出"博爱之谓仁，行而宜之谓义""仁也，以博爱为本""博爱者，人生最贵之道德也。人之所以能为人者以此"等名言，养成了中华民族宽阔的胸怀与高尚的情操。

其次，"仁者爱人、以德立人"是一种崇尚正直的思想。樊迟向孔子问"仁"，孔子答以"爱人"，又问"智"，孔子答以"知人"，樊迟不甚理解，孔子便打了

一个比方，说："举直错诸枉，能使枉者直。"

用现代的语言讲，就是用好的榜样去示范，能把有缺点错误的人纠正过来。这其实就是"君子爱人以德"或者说"以德立人"。一个人秉承"仁者爱人、以德立人"的原则去做事，就必须敢于在朋友、亲人、上级犯错时站出来，置情面乃至利益于不顾。有的人讲求技巧，在面对这种情况时会采取较为温和的方式，如讲故事、说反话、讽谏等，但他们要达到的目的是一样的，就是指出问题和帮助他人改正问题，以完善其道德修养。历史上的谏臣、良友，都是这样正直的人。

最后，"仁者爱人、以德立人"还是一种以人为本的思想。仁者所爱的是"人"，君子以德立人，对象仍然是"人"。把握住"人"这一重要因素，我们就可以因地制宜、因时变化，来处理如何"爱人"与"立人"这一复杂的问题。反过来说，如果脱离了"人"这个根本，上述的一切理念就都会成为空中楼阁，落不到实处。

人是社会的动物。马克思说："人的本质不是单个人所固有的抽象物，在其现实性上，它是一切社会关系的总和。"仁者爱人、以德立人，实际是儒家对于人在社会中应该如何调整彼此关系的一种看法。这种以德为先、重视情感投入，但又很有原则性的理念，确实是能够有效推动社会发展、促进社会成员和谐相处的"润滑剂"。

"仁者爱人、以德立人"的当代意义

时移世易，我们所处的时代与孔子、孟子的时代已相隔两千多年，但是"仁者爱人、以德立人"的思想并没有因此而过时。无论在个人生活还是国家社会建设方面，这一思想都有值得借鉴之处。

从个人生活角度来说，"仁者爱人、以德立人"既重视和谐相处，又强调进德修业，希望在人与人之间构建一种共存共赢、持续发展的关系。按照这一思想去实践，每个人都以最大的善意去对待他人、理解他人，便可以在很大程度上避免误解与冲突，塑造一种讲信修睦、和而不同的气氛。无论在生活中还是工作中，这种气氛都是具有积极意义的。而且，遵循仁者爱人、以德立人，有助于知荣辱、崇道德、加强自身修养，对于个人素质的发展进步也是有利的。

从建设国家、建设和谐社会的角度来看,仁者爱人、以德立人的思想也很有意义。新中国成立以来,特别是改革开放以来,我国社会主义现代化建设取得了举世瞩目的巨大成就。这与我们党的领导、与全体人民艰苦卓绝的努力是分不开的。改革与发展的经验告诉我们,要完成这样的转变,必须把"人"放在首位,也就是以人为本。毕竟,发展的目的在于人,发展的动力在于人,发展本身也必须依靠人。

我国是一个社会主义国家,努力建设现代化,首先是为了促进人的全面发展,满足人民群众的各种需求,维护人民的利益。有些地方和领域的领导者片面重视经济发展、指标上升,忽视了爱护群众、培养人才、提升社会道德水准,这是错误的。

要解决这些矛盾和问题,就必须以"仁者爱人、以德立人"的思想为指导,将其贯彻到我们的各项工作中去。古人说:"太上有立德,其次有立功,其次有立言。"又说:"得道者多助,失道者寡助。寡助之至,亲戚畔之;多助之至,天下顺之。"没有高尚的道德修养作为基础,无论什么工作都是很难长期顺利开展的。

毋庸讳言,当代社会确实出现了一些不和谐的旋律，有些人走上了极端个人主义的道路，对他人没有爱护之心；有些人自甘堕落，是非不分；有些人以享乐为人生最高目标，不思进取。尤为可怕的是，这些人对自己的行为和思想往往不以为耻，反以为荣，在遭到质问时还振振有词。面对这些现象，我们除了秉持"仁者爱人"的精神，尤其应该注意"以德立人"，通过耐心恳切的说服教育、灵活而坚持原则性的处理方式，把这些现象消除掉，把有这些思想的人扭转过来，为社会的发展进步添砖加瓦。

当前，我们正处于进一步深化改革的关键阶段，为了社会的和谐繁荣，为了改革的顺利推进，我们有必要把"仁者爱人、以德立人"作为座右铭。传统思想宝库里的这一珍贵财富，一定能在我国飞速发展的当前绽放出新的光彩。

十一　人之所助者，信也

㊉㊟

诚者,天之道也;思诚者,人之道也。
　　　　　　　　——《孟子·离娄上》

大道之行也,天下为公。选贤与能,讲信修睦。
　　　　　　　　——《礼记·礼运》

早在两千年前,我国的先哲就已经在讨论诚信的价值和意义了,并对其表现出了足够的重视。两千年后的今天,我们仍在倡导诚信,希望以诚待人、讲信修睦的风气能够通行于全社会乃至全世界。为什么我们如此重视诚信思想?这一思想会对我们的生活与社会的发展起到什么样的作用?要回答这些问题,首先要从诚信思想的起源讲起。

诚信思想的历史源流

作为重要的社会道德规范,诚信思想早在先秦时期就出现了。

《论语》中记载,孔子的学生子贡向老师请教为政之道,孔子回答说:"足食,足兵,民信之矣。"(粮食丰富,军备充实,让百姓相信自己。)子贡又问:"如果实在没有办法,要去掉其中一项,应该去掉什么呢?"孔子回答:"去掉军备。"子贡继续追问:"如果还要去掉一项呢?"孔子答道:"去掉粮食。自古以来大家都有死的那一天,可是如果丧失了人民信任,国家就要垮掉了。"孔子作出这样的回答,固然是针对弟子设想的极端状况而谈,但也体现出孔子对"诚信"和"信誉"的重视。

孔子也很重视人与人之间的互信。他说:"人而无信,不知其可也。"他还做了一个很形象的比喻,把丧失信用的人比作少了关键配件的车子,是无法"上路"的。在孔子看来,无论做什么事,始终要以互信为基础,一个没有诚信的人,注定没有前途。

孔子之后的孟子曾说:"诚者,天之道也;思诚者,人之道也。"这是把诚信视为终极的真理,认为人应该追求诚信,以求贴合天道。同为儒家经典之一的《礼记》中有一篇名为《礼运》的文章,文中有一段非常著名的话:"大道之行也,天下为公。选贤与能,讲信修睦。"

这就是"讲信修睦"最早的出处。

所谓"讲信修睦",就是重视诚信待人,从而实现人与人之间的和睦相处。如此,才能不断向儒家学者提出的"大同"社会迈进,而实现"大同"则是儒家的最高治国理想。

当然,重视诚信的不止儒家。墨家的创始人墨子就提出:"言不信者行不果。"认为说话不诚实的人,做事也不会有成绩。兼容道家、法家等思想的管子也说:"诚信者,天下之结也。"这是将诚信视为团结天下人的纽带。法家的集大成者韩非子更是主张："小信诚则大信立。"这是从治国的角度出发，认为一个国家如果能从小事上注意诚信，那么在大的问题上也就能够建立信誉，商鞅的"徙木立信"与此有异曲同工之妙。

秦汉以来，重视诚信已经成为我国文化血脉的一部分。汉代人季布重视信誉，当时楚地有"得黄金百，不如得季布一诺"的说法。

唐高祖李渊也曾经对李密说："丈夫一言许人，千金不易。"这些话虽然没有深奥的理论，却足以反映出我国古人对诚信的推崇。

到了宋代，儒家学者对"诚信"的阐释，使诚信思想在我国文化中的地位更进一步。宋代儒家学者特别重视"诚"，这不仅是受前述孟子"诚者，天之道"理论的影响，也与《礼记·大学》中以"正心诚意"作为修身、齐家、治国、平天下之道途的说法有关。北宋学者程颐说："人无忠信，不可立于世。"又说："以诚感人者，人亦诚而应。"这是强调诚信对于人际交往的价值。

和程颐及其兄程颢并称"程朱"的南宋学者朱熹不仅学识丰富，而且曾经做过地方官，因此他不仅重视诚信对为人处世、进德修业的影响，更强调诚信在为政方面的意义,他说:"无信如何做事?如朝更夕改,虽商鞅之徒亦不可为政。"在解释《论语》"民无信不立"一语时,朱熹又说:"有信则相守以死;无信则相欺相诈,臣弃其君,子弃其父,各自寻生路去。"由此可见,朱熹把诚信看作国家和社会稳定的重要前提,而不是单纯的道德要求。

宋以后,对于诚信思想的阐释还有很多,在此不一一列举了。总之,随着历史的发展,以诚待人、讲信修睦的思想不断被丰富和发扬,如今已经成为我国传统文化的精髓。

诚信思想的内涵与价值

提及诚信思想的内涵,我们不妨从"诚"和"信"两个字入手。

"诚"指的是表里如一,不骗人,也不骗自己;"信"指的是有言必行,有约必践。"诚"和"信"有相同之处,如两者都倡导真实不欺。两者也有不同之处,如"诚"更倾向于意识的角度,强调思想上的真实,或者说内心的诚实;"信"则更强调行为的方面,要求做事对人诚挚守信，而且必须是发自内心的。说得简单一些，"诚"是做人的准则，"信"是做事的方式；"诚"是本质，"信"是表现。

关于诚信思想的价值，则主要表现在以下几个方面。

第一，讲诚信能够使人与人之间的关系变得友善团结。以诚待人、讲信修睦，倡导的是"正能量"，要求的是大家说老实话、做老实人，不搞尔虞我诈的那一套。人人诚信、彼此和睦，我们和家人、同事、邻里的关系就会越来越美好。所以说，在待人接物时秉承诚信原则，有利于增进人际关系的和谐稳定，消除内耗，减少变故。

第二，讲诚信是增强社会互信的重要纽带。我们自己或者身边的朋友也许上过买到假烟假酒的当，有些人不以为意，觉得无非损失了些经济利益罢了，还有些人认为"吃一堑长一智"，下次要提高警惕，于是乎无形中助长了制假造假的风气。要知道，造假的行为不仅仅是损害经济利益那么简单，它实际是一种社会道德的缺失和沦陷，长此以往，整个社会就会变得缺乏信任，唯利是图。因此，打假不仅仅要靠法律，更需要提高人们的诚信意识，实现彼此互信。

第三，讲诚信是立国之本、执政之源。自古以来，得人心者得天下，如果丧失了人民的信任，人心自然而然地就会离散，虽有金城汤池、坚甲锐兵，不能自存。共产党人从小米加步枪开始，一步步地壮大起来，最终建立了中华人民共和国，固然有军事上、政治上做出正确决断的因素，但更重要的是共产党人言必信、行必果，从而获得了人民的支持。如果缺乏诚信，这一切就都无以为继了。

当然，诚信思想的价值还不止前面所阐述的这些。宋代另一位著名儒者杨简曾将"以实待人，非唯益人，益己尤大"作为对子孙的训词。之所以这样说，是因为杨简认为诚信在维系人际关系、稳定社会结构、增强国民互信的功能之外，还有塑造个人品格、增进道德水准的作用。他的另一名言是"至诚则百行并生"，与"以实待人"一语的寓意是一致的。诚信的根本意义，还是在于人的自我完善。

诚信思想的当代意义

如前所述，中华民族素有"崇尚诚信，耻奸伪诈"

的优良传统。诚信在中国传统伦理道德体系中具有重要的作用，被誉为"修身、齐家、治国、平天下"之本。今日，诚信思想更是与时代相结合，体现着它的现代意义。

首先，诚信是建设社会主义和谐社会的基石。作为一种维持社会正常秩序和交往、维护每个人正当利益的基本道德规范，诚信对于人们社会生活的重要性不言而喻。如果社会中的每个个体和群体都具有诚信意识，都严守诚信道德底线，讲求立诚守信，那么就会形成诚信社会。在这样的社会环境中，人与人之间的冲突和矛盾就会减少甚至消失，社会关系则走向稳定和谐，国家的凝聚力不断增强，如此，实现中华民族伟大复兴的中国梦，就指日可待了。

其次，诚信是发展社会主义市场经济的保障。诚信与商品交换有着密切的关系。起初，人们的商品交换活动往往是各行其是，只管自己，不管他人，于是冲突不断。后来，人们在实践中经过反思，形成了等价交换意识，懂得了既要追求自身的利益，也得尊重他人的利益，从而产生了承诺、约定和契约，于是也就有了诚信的观念和原则。诚信度越高，产品越精当，竞争力就越强，这是亘古不变的市场法则。今天的社会主义市场经济是一种信用经济，这种信用经济要求社会成员普遍遵守"诚信"的原则，以促进其健康发展。那些尔虞我诈、投机取巧、不负责任、不讲信用的人，必然被社会所不容而遭到严厉惩处。

此外，提到市场，就有必要提及商人的道德素质。商人追求经济利益，是其从事经济活动的重要目标，本无可厚非，但关键要看采取什么样的方式和途径去谋利。这就是如何正确处理"义"与"利"之间的关系问题。朱熹曾说："正其义则利自在"，"利是那义里面生出来底，凡事处制得合宜，利便随之。"又强调"事无大小，皆有义利"。这实际是让商人从意识上树立起取之有道的自觉，要求他们在经济活动中把"利"放在和谐、合宜的地位，仁心为质，诚实不欺，利而不贪。

再次，诚信是建立服务型政府的前提。现代社会，政府已不是特殊利益群体的代言人，而是社会普遍利益和普遍意志的体现者，是公共产品和服务的提供者，于是服务型政府成为现代政府的执政理念。一个好的服务型政府，必然要以廉洁、高效、务实为行政目标，以公正、公平、公信为道德原则。获得群众的信任和支持，政府才能顺利进行公共权力的运作。

最后，就个人而言，人必须通过不断学习，才能获得新知识，知识既是个人谋生的工具，也是个人为社会服务的工具。但是，要想真正做个对社会有所贡献的人，仅仅有知识是不够的，还必须有正确的价值观去指导，否则，知识越多越有可能滋生罪恶。而待人接物讲究诚信，正是培养人的高尚道德情操、指引人们正确处理各种关系的重要道德准则。个人以诚立身，就会做到公正无私、不偏不倚；讲求信用，就能守法、受约、取信于人，从而妥善处理好人与人、人与社会的关系，实现人生的价值。

十二 | 从政三法：清、慎、勤

原典

当官之法,唯有三事:曰清,曰慎,曰勤。

——【南宋】吕本中《官箴》

我国自古就十分重视官员的道德，清廉和勤勉就是其中的两项，后世逐渐形成了"清、慎、勤"的为政思想。中国的史书中记载了很多廉洁能干的官员，他们清如水、明如镜，为百姓所歌颂和爱戴；相反，那些贪官蠹吏，则背上了永久的骂名。"清、慎、勤"的为政思想流传至今，无论对个人还是社会都具有重大影响。那么，这一思想是如何产生和发展的？其内涵和意义又是什么呢？

"清、慎、勤"思想的历史源流

将清廉视为官员的美德，可以追溯到先秦时代。据《论语》记载，孔子曾经说过："富与贵，是人之所欲也，不以其道得之，不处也；贫与贱，是人之所恶也，不以其道得之，不去也。"孔子反对为了获取钱财和地位不择手段，自然是主张清廉从政的。孟子说："可以取，可以无取，取伤廉。"就是说，有些钱财看起来可以要，也可以不要，但如果收下就有伤廉洁。荀子更是提出："先义而后利者荣，先利而后义者辱。"这几位儒家大师反对谋取不义之财，重视为官以德，其实就是主张为官要清廉,要讲正气。

战国末期,法家思想的集大成者韩非子正面倡导"廉"。他说:"所谓廉者,必生死之命也,轻恬资财也。所谓直者,义必公正,公心不偏党也。"又说:"修身洁白而行公行正,居官无私,人臣之公义也;污行从欲,安身利家,人臣之私心也。"也就是说,韩非子主张官员要廉洁自律、轻财重义。相应地,他批评贪官:"不以清廉方正奉法,乃以贪污之心枉法以取私利,是犹上高陵之颠、堕峻裕谷之下而求生,必不几矣。"这是非常辛辣而严正的警告。

回顾历史,历朝历代都有很多能够践行清廉从政理念、保持一身正气的官员。公仪休拒鱼、杨震却金的故事,传扬至今,甚至被选入小学课本。《后汉书·杨震列传》记载有人劝杨震趁着当官的时候,多置办一些田产留给子孙,杨震回答道:"使后世称为清白吏子孙,以此遗之,不亦厚乎!"自杨震起,杨家连续四代都有人官至三公,且以廉洁闻名,这不能不说是杨震将清廉家风留给后人的功劳。

在清廉从政之外,另一个被高度重视的为官之德是勤勉奉公,也就是"清、慎、勤"中的"勤"字。所谓勤勉奉公，就是努力工作，把心思放在公事上，不起私心杂念。我国自古就很尊重夙夜在公、忠诚无私的良吏。春秋时，楚相孙叔敖忠诚清廉，楚国大治，司马迁在写《史记》时，将其列入《循吏列传》，排在传主的首位。诸葛亮以"三顾频烦天下计，两朝开济老臣心"为世人所传颂，也是因为他实现了自己"鞠躬尽力，死而后已"的诺言。像孙叔敖、诸葛亮这样勤勉奉公、不以权谋私的人，历代的正史大都会特别辟出《循吏传》或者《良吏传》来记载他们的事迹，使他们永远为后人所铭记和感念。

是否能做到清廉与勤政，一直是我们判断官员好坏的重要标准，从现有资料来看，首先将两者结合起来，提出"清、慎、勤"三字格言的，是南宋的吕本中。他在《官箴》一书中说："当官之法，唯有三事：曰清，曰慎，曰勤。"吕本中出身东莱吕氏，高祖吕夷简、曾祖吕公著都曾经官居宰相，祖父、父亲也都担任过中高级的官职，可谓簪缨世家。

《四库全书总目》评价《官箴》说："此书多阅历有得之言，可以见诸实事。书首即揭'清、慎、勤'三字，以为当官之法，其言千古不可易。"这个评价是非常高的，但绝非过誉。因为这三字格言虽然简短，但对官员的个人操守、处事风格、为政理念都提出了很高的要求。

清朝的康熙皇帝曾经向各省督抚颁赐"清、慎、勤"三字御书，就是要通过这种手段，提醒官员做到清廉从政、勤勉奉公。晚清名臣曾国藩虽位高权重，但仍兢兢自守，不仅对自己要求甚严，还要求两个弟弟曾国荃、曾国葆及儿子曾纪泽自我约束。他说自我约束的办法"亦不外清、慎、勤三字而已"。"清、慎、勤"这三条"当官之法"深入人心的程度，由此可见一斑。

"清、慎、勤"思想的内涵与价值

"清、慎、勤"这三个字是对"清廉从政、勤勉奉公"这一传统思想的总结，具有充分的可行性。无论在古代还是在今天，很多官员都将其作为自己的座右铭，并加以实践。为了更好地理解"清、慎、勤"或是"清廉从政、勤勉奉公"这一传统思想的内涵与价值，我们有必要对其做进一步的梳理和分析。

首先,"清廉从政"是"清、慎、勤"思想的出发点。"清廉"二字,对官员来说是最重要的道德准则。一个官员如果没有廉洁自律的决心,没有看破各种贿赂形式的眼光,没有拒绝"人情往来"的勇气,一旦有了机会,便会失足落水。一个下了水的官员,不可能没有私心私欲,"壁立千仞,无欲则刚"云云,对他们来说只能是可望而不可即的。既然有了私欲,有了利益纠葛,他又如何能做到"慎"和"勤"呢?所以说,保持清廉,是为官的第一要务,想做个好官,必须以此为前提条件。

其次,"勤勉为政"是"清、慎、勤"思想的立足点。清代大学士纪昀在《阅微草堂笔记》中讲了一个很有讽喻意味的故事:某官员去世后,对阎王声称自己清廉无比,所到之处只喝民间一杯水。阎王说:"您确实清廉,但在做官的时候无所作为。像您这样做官的话,何不在公堂上摆一个木雕,连民间的那杯水都省下了?"官员俯首不能答。这个故事告诉我们,除了要注意"廉政",还要防止"懒政","官清政懒"与渎职无异,是不可取的。

最后,"奉公守法"是"清、慎、勤"思想的关键点。"奉公"就是除去私心，以国家和集体的利益为先，"守法"就是遵守法律法规、按章办事。官员如果能做到奉公守法，他的一切考虑必然会从公众利益出发，一切施政都会遵循规章制度，这也就做到了"清、慎、勤"中的"慎"字。我国古人强调为官要"慎"，不是要官员不作为，而是说在做决策时要慎重考虑。《管子》就说："不作无补之功，不为无益之事。"意思是说，有些事情看起来是政绩，但对国对民其实没有好处，那就不要去做它。这其实就是在"勤勉"之外又提出了"奉公"的要求。为官者如果只知勤勉而不知奉公，迟早会被自己的私心操纵，贻害一方。

如上所述，"清、慎、勤"三字其实就是"清廉、奉公、勤勉"的概括。这种思想的价值，既在于为从政者提供一个好记、易懂、可行性强的从政方针，更重要的是时时为他们敲响警钟，警告他们应该时刻检点自己的言行，自省有没有偏离本心，乃至于像曾国藩那样"每日临睡之时，默数本日劳心者几件，劳力者几件，则知宣勤王事之处无多，更竭诚以图之"。如果这一从政方针能够得到普遍贯彻，国家和社会的发展水平一定会上一个新的台阶。

"清、慎、勤"思想的当代意义

"清、慎、勤"的从政法则不仅在中国历史上获得了高度的赞誉和充分的重视,而且直到今天仍对我们的工作有指导和借鉴意义。

第一,"清、慎、勤"的思想能够推动从政者廉洁自律,增强拒腐拒贿的自觉性。如果廉洁自律的人一天天多起来,走后门、拉关系、靠人情办事的现象自然就会逐渐减少,乃至最终绝迹,这是一种具有正面意义的"上行下效"。随之而来的是,金钱与美色不再是腐败的开路先锋,自甘堕落的案例越来越罕见,最终必定能够净化社会风气,让"三严三实"的作风真正扎根在人们的心里,形成一种拒绝腐败、高度自律的社会意识。

第二,"清、慎、勤"的思想能够教育从政者勤恳奉献,不轻忽自己的工作。"勤"之一字,指的是公职人员应有兢兢业业、夙夜在公的精神,认真执行公务,完成上级交付的任务,不因做的是细小、简单的工作而厌烦、懈怠。老子说:"图难于其易,为大于其细。天下难事,必作于易;天下大事,必作于细。是以圣人终不为大,故能成其大。"他的话是值得我们学习的。懂得了"图难于其易,为大于其细"的道理,再有了勤勤恳恳的工作态度,正所谓"九层之台,起于累土",大事才能够办成。

第三,"清、慎、勤"的思想能够指引从政者三思后行,抵抗名利与政绩的诱惑,在做出决策前慎重考虑,避免因思虑不周而造成损失。这样说,不是要人畏缩不前,更不是不让人做事,而是说判断一项工作的价值和意义,不能只看其中有利的一面,还要想想是否会造成不利的影响,利和弊孰轻孰重,怎样减少或避免不利影响的发生,等等。譬如自南宋以来,在长江流域流行围湖造田,向大自然"要"到了大量的肥沃耕地,减轻了人口增加带来的压力,其利是不可否认的;但是,围湖造田工程也破坏了长江流域的湖泊体系,导致原本能在汛期承担防洪蓄水功能的湖泊消失,间接增加了洪水的危害,这就是它带来的负面影响。其中利害得失,非经认真思考,不能评断。今天,从政者特别是领导者的决策往往对于国家、社会或单位、集体的发展有着直接影响,因此不可不慎重。

还需指出的是,在现代社会,"清、慎、勤"思想不仅是对从政者或领导者的要求;凡是能够对个人、集体乃至社会的发展和命运产生一定影响的人，诸如企业家、科学家、专业技术人才等，都有必要去认知、理解这一宝贵的思想，并主动践行。这是推动社会主义物质文明和精神文明建设以及实现中华民族伟大复兴的关键。

宋代著名清官包拯传世诗作仅有一首，名为《书端州郡斋壁》，所谈的正是"清、慎、勤"的问题：

> 清心为治本，直道是身谋。
> 秀干终成栋，精钢不作钩。
> 仓充鼠雀喜，草尽兔狐愁。
> 史册有遗训，毋贻来者羞。

十三 | 俭节则昌，淫佚则亡

原 典

俭,德之共也;侈,恶之大也。
——《左传·庄公二十四年》

救奢必于俭约,拯薄无若敦厚。
——【南朝】范晔《后汉书·列传·郎颛襄楷列传下》

中华民族是一个倡导节俭的民族，我们赞颂尧舜茅茨不翦的朴素，鄙视纣王酒池肉林的奢华。时至今日，李商隐的咏史名句"历览前贤国与家，成由勤俭败由奢"仍广为传诵。那么，崇尚节俭的思想究竟从何而起，又是如何影响中国人的行为和中华文明发展进程的呢？

"俭约自守、力戒奢华"思想的历史源流

俭约自守、力戒奢华的思想，在中国历史上的起源是非常早的。《尚书·大禹谟》中就有"克勤于邦，克俭于家"的句子，意思是为国效力要勤恳，治理家政要俭朴。《周易·否卦》的《象》也说："君子以俭德辟难。"意为在事业不顺的时候，君子要以节俭之德来避免灾祸。

春秋时期，老子主张"见素抱朴，少私而寡欲"，也是在强调减少欲望、克制私心、维持质朴的本色。然而将俭约与奢华的对立讲得最明白的，莫过于《左传·庄公二十四年》中的一句话："俭，德之共也；侈，恶之大也。"《左传》的作者借用鲁国大夫御孙之口说出

的这句话，已经明确地将俭朴定位为有德者共有的一种美德，相对地，奢侈则是大恶。

重视俭朴的思想，在孔子的言行中也有所体现。孔子曾说："麻冕，礼也；今也纯，俭，吾从众。"原来，按照礼制的规定，应该用麻布做冠冕，但在孔子生活的时代，织造"纯"（丝织品）比麻布耗费的人力要少，很多人为了节省开支，就用"纯"来做冠冕。孔子觉得这样做是俭朴的，也就"从众"了。孔子一向以遵守礼法著称，但这件事让我们看到，他既不是一个"老顽固"，同时又是一位提倡节俭的人。此外，孔子还说"俭近仁"，孟子也说"恭者不侮人，俭者不夺人"，这都反映了儒家学者对"俭"的重视。

比孔子时代略晚的墨子及墨家学派，更是明确地主张节俭。《墨子》七十一篇中，有《节用》三篇、《节葬》三篇。墨子的节用观点是非常具有实用性的，他说："俭节则昌，淫佚则亡。"又说："去无用之费，圣王之道，天下之大利也。"他反对奢侈浪费，认为一切衣食住行所需只要够用就可以，不需要无益的修饰和雕镂，更反对统治者的厚葬政策。这就是所谓的"加费不加民利者，圣王弗为"。在墨子看来，将钱财用在民生上,比用在统治者的享受上更有意义。

比起孔子和墨子,韩非子关于奢与俭的思考更为深入。他在《喻老》中讲了一个故事:商纣王命令人用象牙做了一双筷子,他的叔叔箕子听说后非常害怕,因为象牙做的筷子一定要配犀角玉石雕琢的食器,精美的食器一定会用来装珍贵的美食,而享用美食的人一定不会满足于穿布衣、住茅屋,于是就要有锦衣、高台……奢侈之风逐渐泛滥起来,最终会导致意想不到的恶果。果然,五年之后,追求享受的纣王建造了酒池肉林,使用炮烙之刑杀害直谏的大臣,商朝很快就灭亡了。通过这个故事,韩非子指出:个人奢侈享乐不仅会造成浪费,而且会对国家的治理产生危害。这种深度的议论是孔子和墨子都没有的。

秦汉以后,主张节俭为政、节俭生活,依然是中国的主流价值取向。东晋的道家学者葛洪在《抱朴子·诘鲍》中就主张:"质素简约者,贵而显之;乱化侵民者,黜而戮之。"这是从治国的角度来提倡节俭,认为应该提拔那些质实俭朴的人,贬斥惩罚那些乱法害民的人,以此振刷风气,即所谓"崇节俭之清风,肃玉食之明禁"。无独有偶,南朝著名史学家范晔也说:"救奢必于俭约，拯薄无若敦厚。"也就是说，改变奢侈的风气，一定要依靠厉行节约；挽救浮薄的风俗，必须要从鼓励忠厚老实入手。葛洪、范晔的这种观点，与韩非子的理念实际是一脉相承的。

奢侈、浮薄的风气形成以后，不仅面临消费观转变的问题，而且社会成员尤其是统治者对物质享受的要求日甚一日，最终会导致社会的动荡，甚至走上衰亡之路。正因为奢与俭能够影响国家的前途和命运，所以初唐名臣魏徵在发现唐太宗开始追求奢侈享乐后，便毫不客气地上书批评道："陛下贞观之初，动遵尧舜，捐金抵璧，反朴还淳。顷年以来，好尚奇异，难得之货，无运不臻，珍玩之作，无时能止。上好奢靡而望下敦朴，未之有也；末作滋兴，而求丰实，其不可得亦已明矣。"这是对于奢侈之害的直言警示。

另一方面，古人对于节俭的作用也有充分的认识。北宋欧阳修在《原弊》中说："下之用力者甚勤，上之用物者有节。"这是说在古代的理想社会里，百姓努力生产财富，而统治者适时适度地使用财富。这样治国，能够保证农民辛勤耕种三年之后，除去满足社会成员的基本需求，还能保留下相当于一年产量的储粮以备荒。

司马光则在阐释"俭，德之共也；侈，恶之大也"这一古训时强调："侈，则多欲，君子多欲，则贪慕富贵，枉道速祸；小人多欲，则多求妄用，丧身败家，是以居官必贿，居乡必盗。"这着重说明了节俭对个人修养和社会安定的作用。南宋辛弃疾也说："富国之术，不在乎聚敛而在惜费。"一个"惜"字，实在地点出了使用社会财富时应持有的态度。

中国古人之所以如此重视节俭，是因为当时生产力有限，如果任意花费，很容易将有限的社会财富白白地浪费掉。诚如明代张居正所说："三寸之管而无当，不可满也。"（粗不过三寸的管子，如果没有底，永远也不会填满。）纵观中国历史，对于如何节俭而高效地使用财富这个问题，古代先贤们做出过很多尝试与探讨，为今人留下了宝贵的经验。

"俭约自守、力戒奢华"思想的内涵与价值

俭约自守、力戒奢华的思想，其主要内容自然是倡导节俭的生活方式，但详细推究其内涵，又远不止于此。从古至今，历代先贤对于节俭之益、奢侈之害，已

经有过很多论述。如果我们对这些论述加以总结，可以将其内涵归纳为以下几方面。

首先，强调自我节制是俭约自守、力戒奢华思想的立足点。俭约自守、力戒奢华，倡导的是节俭，而节俭的本质是自我节制。所谓自我节制，就是要求人们控制自己的欲望，减少无意义的浪费。也就是说，节俭不意味着小气，而是"节用有度"，即合理地有节制地使用、消费物质资料，包括大自然为我们提供的各种资源，以及人类劳动创造的物质财富。正如汉代贾谊所说："费弗过适，谓之节；反节为靡。"靡就是浪费。无节制的消费终会造成欲望的膨胀。就如前文所举《韩非子·喻老》的那个故事，商纣王最初想要的，也不过是一双象牙筷子而已，最终却使他沉溺于锦衣玉食的生活，断送了商朝的江山社稷。

其次，重视俭以养德是俭约自守、力戒奢华思想的关键点。诸葛亮告诫他的儿子说："静以修身，俭以养德。"这句话是有深层含义的。衣食住行是人的基本需求，满足这个基本需求，在条件允许的情况下可以搞得好一些，这是正当要求，应该满足。然而，当一个人的生活水准超越了经济条件所允许的范畴，或者一味攀比，这就是奢侈了。南宋学者罗大经说："奢则妄取苟取，志气卑辱。一从俭约，则于人无求，于己无愧，是可以养气也。"在罗大经看来，没有过分的欲望，则生活中不用对人低三下四，也就避免了做违心的事，说违心的话。能够坚持节俭的生活，自然就像孟子说的那样有"浩然之气"常在胸中，这种"养气"功夫，也就是诸葛亮说的"俭以养德"。从这个角度来说，古人倡导节俭是手段，目的则在于以此淬炼自己，培养无愧于人、无愧于己的正气。

最后，关注可持续发展是俭约自守、力戒奢华思想的核心点。有一句老话说："常将有日思无日，莫待无时思有时。"无论持家还是治国，都面临着一个"有多少钱，钱怎么用"的问题。汉武帝即位初年，国家财力充沛，此后他的生活逐渐奢侈，又先后征伐匈奴、大宛、南越，最终落到了"赋税既竭，犹不足以奉战士"的地步。汉武帝与周边民族的战争，对于我国疆域的形成和稳固有很大意义，但他花钱过多、过快，又是四面出击，百姓逐渐不堪重负，也是不争的事实。如果不是汉武帝晚年察觉到府库空虚、人心动荡的危机，对政策改弦更张，汉朝几乎就要衰败下去。由此可见，即使财力丰足，也要重视节俭，否则收支平衡就会被打破，可持续发展也就很难实现了。清人魏禧说："当省不省，必致当用而不用。"这是对节俭与可持续发展关系一针见血的解释。

由此可见，俭约自守、力戒奢华的思想具有多方面的内涵，它以节俭为手段，将个人的进德修业与家国的可持续发展结合在一起，从衣食住行的日常层面促进社会的发展。这一思想的价值在于，通过厉行节俭，不仅能够节制个人的欲望，防止行差踏错，而且能够把有限的财富用在刀刃上，为小到个人、大到国家的可持续发展保驾护航。张居正说："不患不富，患不知节。"又说："取之有制、用之有节则裕，取之无制、用之不节则乏。"这两句话即使在今天，仍然是很有警示意义的。

"俭约自守、力戒奢华"思想的当代意义

古人提倡节俭是由于当时生产力水平不高，物质财富不充裕；如今，社会进步，经济发展，物资充足，是不是就不需要节俭的精神了呢？答案当然是否定的。

首先，崇尚节俭，意味着对艰辛劳作所创造的物质

财富的珍惜，本身体现着对劳动的尊崇。因此，节俭与勤劳互为表里。既勤且俭，就能不断地创造和积累财富。就个人而言，"侈而惰者贫，而力而俭者富"；就国家和社会而言，"役物以时""取之有度""用之有节"，节俭成风，勤劳成习，可以裕民，可以富国。相反，如若奢靡成风，浪费成习，惰者成众，那么社会财富非但不能积累，反而会耗费殆尽。

这里不妨举一个例子，南太平洋的岛国瑙鲁由于磷酸盐储量丰富，在20世纪六七十年代曾创造了人均GDP世界第二的奇迹，在那一时期，富裕的瑙鲁通过国际贸易购买了喷气式飞机、国际酒店、酒厂等资产，充分体会到了物质文化的丰富。然而从20世纪90年代开始，瑙鲁的磷酸盐矿可开采储量所剩无几，国民收入便一路下滑。时至今日，瑙鲁不仅人均GDP沦落到只有2000多美元的境地，而且政府财政极其紧张。究其原因，正如一位澳大利亚学者所说："他们通过出售磷酸盐的方式变得富有，但在花钱的问题上却不够明智。在当时的繁荣时期，人们不再从事渔猎工作，也不再上学和接受高等教育。"司马光说得好："由俭入奢易，由奢入俭难。"一旦习惯了奢侈的生活，很快就会消耗掉已有的积蓄，瑙鲁的国民就是如此。这件事，值得我们引以为戒。

其次，社会现代化的进程有赖于经济效率的提高和经济增长方式的集约化，而这两者都离不开节俭精神。有学者在分析西方工业化的历史进程时指出："工业社会特有的品格有赖于经济和节俭原则。"应强调"工作、俭省、节欲和严肃的人生态度"。这一观点的提出，正是鉴于弥漫于美国社会的享乐主义的现代文化和奢侈之风，造成的"消费冲动"，以致关系到"社会存亡"。反观我国，作为一个人口众多、资源相对匮乏的国家，耕地、水源、矿藏的人均占有量均比较低。因此，在现代化的进程中，我们就更应当贯彻"节用有度"的原则，提倡俭约，戒除奢华。在这一点上，我国政府也提出要坚持资源开发与节约并举，把节约放在首位，生产、建设、流通、消费等各领域，都必须节水、节地、节能、节材、节粮，千方百计地减少资源的占用和消耗，各行各业都要制定节约和综合利用资源的目标和措施，大幅度提高能源、原材料的利用效率。

最后，节俭有助于个人道德素质的提高。节俭是对自发的物质欲望的节制，有助于养成对各种自发的、受欲望冲动支配的行为的约束力，培育起理性自制能力，实现"取舍于内""节制在人"，为实现道德自律定基础。相反，奢侈则意味着纵欲，容易养成贪欲无度、多求妄用、慕恋虚荣、放浪不羁的心态，动摇道德人格的根基。崇尚节俭还有助于明志、守节。它可以使人把身心集中到事业上，立志去完成时代和社会所赋予的使命，而不致沉溺于声色，玩物而丧志。它可以培育坚强意志和刚毅精神，不致因物质上的困难而消沉。

总之，即使在物质财富已经空前丰足的当代社会，无论从个人的层面，还是从国家的层面，节俭仍是一种有效控制需求、防范风险的手段，具有重要的道德意义与实践意义。俭约自守、力戒奢华的思想，是我国传统思想的精华，可以说，无论经济发展到什么程度，"一粥一饭，当思来之不易；半丝半缕，恒念物力维艰"这类的"治家格言"都是应当传承和发扬的。

苏轼房梁挂钱

唐宋八大家之一的苏轼为官期间十分注意节俭，常常精打细算地过日子。苏轼被贬官到黄州时，由于薪俸减少了许多，他穷得过不了日子，后来在朋友的帮助下，弄到了一块地，他便自己耕种起来。为了不乱花一文钱，苏轼实行了计划开支。他先把所有的钱计算出来，然后平均分成12份，每月用一份；每份中又平均分成30小份，每天用一小份。钱全部分好后，按份挂在房梁上，每天清晨取下一包，作为全天的生活开支。拿到这小包钱后，他还要仔细权衡，能不买的东西坚决不买，只准剩余，绝不超支。积攒下来的钱，苏轼把它们存在一个竹筒里，以备不时之需。

十四 | 天地位焉，万物育焉

原典

古之人，使中和为我用，则天地自位，万物自育；而吾顺之者也，尧、舜、禹、汤、文、武之君臣也。夫如是，则伪不起矣。

——【南宋】叶适《叶适集·进卷》

说起"和",我们第一时间想到的就是和谐、和睦,以及"和为贵""家和万事兴"这样的谚语格言。确实,在我国的思想中,"和"就是一个满载着喜庆、美好意义的词汇。在建设社会主义和谐社会的今天,我们对于"和"的概念更应该深入探寻、把握,这样才能使"和"的精神得到贯彻,把"和"的风气带到社会的各个角落。

和谐相处、求同存异的思想源流

"和"是我国传统文化中一个古老的概念。在据说创作于商代中期的《尚书·说命下》中,有"若作和羹,尔惟盐梅"的句子,意思是:"如果把治国看成是调和羹汤,那么你(指傅说)就是盐和梅子这样的调味剂。"无独有偶,《吕氏春秋·本味篇》也提到了商朝的开国贤相伊尹以烹饪为比喻,向商汤讲述治国之道的故事。伊尹认为肉羹要做得好吃,必须依靠各种味道的调和。《吕氏春秋》虽然是战国末期的典籍,但其中的很多故事都是传承有序的。此前很多古籍都提到了"伊尹以割烹要汤"的故事,可见伊尹凭借厨艺获得商汤的欣赏这一情节并非后人虚构。

今天能看到的最早的"和"字,是在西周的金文中。

当时的"和"已经是一个"口"字和一个"禾"字并列的样子。这个字把一张嘴和一颗谷物放在一起,推究其意,大概是与"吃"有关,这或许可以作为"和"与烹饪密切相关的一个证据,也与前面提到的两个故事互相印证。以我们能看到的史料来判断,"和"最初的含义应该就是"调和味道"。

由于"调和"一词可以应用于各个方面,"和"的含义很快就不限于烹饪意义上的了,而是进入了古人生活的方方面面。古人认为,食有五味(甘、酸、苦、辛、咸),乐有五音(宫、商、角、徵、羽),人有五常(仁、义、礼、智、信),物有五行(金、木、水、火、土),把这些元素恰当地配合起来,就可以叫作"和"。从这个角度再作引申,就出现了"中和""太和"等多种概念。

所谓"中和",其实就是儒家"中庸之道"的另一种说法。"中庸"一词,最早见于《论语·雍也》:"中庸之为德也,其至矣乎。"可见孔子对"中庸"的评价是非常高的，但是孔子没有详细阐述它的含义。

后来，据说是孔子之孙孔伋（字子思）所著的《中庸》给了"中庸"这个词一个定义，并将其与"中和"牵系在一起，说："喜怒哀乐之未发谓之中，发而皆中节谓之和；中也者，天下之大本也，和也者，天下之达道也。致中和，天地位焉，万物育焉。"这里的"中和"，虽然表面上说的只是情感上的"和"，实际上却是由小见大、旁兼万物、一以贯之的，不然也就无所谓"天下之大本""天下之达道"，更谈不上"致中和"以使"天地位焉，万物育焉"了。荀子说："公平者，职之衡也；中和者，听之绳也。"（《荀子·王制》）这里的"中和"，就专指治国安邦时"宽猛得中"的"和"了。在古人看来，治国与烹饪、奏乐以及其他事情是一样的，都需要对各种元素进行调和，以达到"和"的境地，只不过治国者调和的元素是"宽容"和"严猛"而已。南宋著名思想家叶适解释《中庸》说："古之人，使中和为我用，则天地自位，万物自育；而吾顺之者也，尧舜禹、汤、文、武之君臣也，夫如是，则伪不起矣。"这是对"中和"最好的解读。

"和"的另一个概念是"太和"。所谓"太和"，最早见于《易传·乾卦·象辞》:"保合太和,乃利贞。"朱熹在《周易本义》中注解道:"太和,阴阳会合冲和之气也。"也就是说,"太和"是一种"冲和"的"气"。那么,"冲和"又是什么呢?《老子》说:"冲气以为和。"原来,"冲和"指的是淡泊平和的一种状态。了解了这一点,朱子的话就很明白了,所谓"太和",其实就是阴阳二气相配得宜、平和冲淡的一种存在状态。因为有了这种含义,所以后来也用"太和"代指太平景象,如曹植在他的《七启》中就说:"吾子为太和之民,不欲仕陶唐之世乎?"这里"太和"的含义已经是对"和"的再度引申了。

从上文可以看到,我国的古人确实非常重视"和"的因素,将"和"视为一个美好的概念。但是,这不意味着我们的前辈都是"和事老",他们还认识到了"和"与"同"之间的区别。西周时期的史官伯阳父认为,世间万物都是由金、木、水、火、土等性质不同的元素融合产生的,若将相同的元素放在一起,则不会有任何新事物的产生,这就是所谓"和实生物,同则不继"(《国语·郑语》)。后来,孔子将"和"与"同"用在区别君子与小人上,提出"君子和而不同,小人同而不和"

(《论语·子路》)。"和而不同",其实就是我们今天常说的"求同存异",也就是说我们并不要求千篇一律和完全一致,而是允许不同的观点和思想存在,强调的是对"不同"进行融合和包容,从而达到和谐的状态。儒家弟子进一步说道:"乐者为同,礼者为异。同则相亲,异则相敬。"(《礼记·乐记》)通过乐曲的合奏,能体现出人与人的相同点,有相同点,就会变得亲密;通过礼仪的实施,能体现出人与人的差别,能了解到差异,就会产生敬意。

可见,儒家"乐"的教育,其核心是"求同";而"礼"的教育,核心是"存异"。这种和而不同、求同存异的观点,是我国和谐文化的核心。

和谐相处、求同存异的内涵与价值

儒家学者区分"和"与"同",其原因在于"同"有雷同、复制之嫌,而"和"是一种通过调和行为对旧有事物的突破与创造。具体到立身行事之道,"同"是无条件的拥护与附和,"和"则是一种对人、事、物的广泛善意,蕴含着对人与人、人与自然和谐相处的期待,却不强求彼此立场、做法、性质完全一致。有了多样性，事物才会有更好的发展，而不至于停滞不前。从这个角度来说，"和"最大的价值就是"生发"，也即《中庸》中说的"天地位焉，万物育焉"，这也正是我们今天强调和谐相处、求同存异精神的主要目的。然而，"和"的内涵和意义又远不止于此，如果对"和"的精神进行细化分析，我们可以从中发现以下几方面的内容。

首先，"和"的精神以"和谐"为根本。所谓"和谐"，最初指的是乐音的协调，即所谓"音韵和谐"。我国古人非常重视音乐的教化意义，认为音律的和谐能够起到安定人心、优化人际关系的作用，故从周代开始就将音乐教育纳入教育体系，也就是《周礼·地官·大司徒》中说的"以六乐防万民之情，而教之和"。通过教育，音乐的"和谐"理念很快进入到社会生活中，于是"和谐"从指代音律协调这一单纯含义，逐渐演化为泛指一切和睦协调的现象。如东汉大儒郑玄注《诗经》，开篇第一首是我们非常熟悉的"关关雎鸠，在河之洲"，郑玄解释它的含义，说："后妃说乐君子之德，无不和谐。"

这里的"和谐"就已经是"和睦协调"之意了。这种和谐的理念深入中华民族文化血脉之中，不仅铸就了中华文明崇尚和睦、和平的传统，而且使我们对暴力和冲突有一种天然的反感。可以说，在中国的传统文化中，"和"是一切正当行为的核心，也是所有社会关系良好运行的根本。

其次，"和"的精神以"不同"为表征。中国人很重视"朋友"，根据古人的解释，同师为朋，同志为友，《易传·坤卦·象辞》说："西南得朋，乃与类行。"这是同道之朋，值得珍视。但相应地，我们却反对"朋党"。在我国古代的语境中，"朋党"带有明显的结党营私意味，是一个地地道道的贬义词。之所以"朋友"与"朋党"有这么大的区别，是因为"朋友"是君子之交，有着共同的理念和志向，或许在一些问题上会有不同的见解，但大家能够相互理解、求同存异、和谐相处；而"朋党"则如欧阳修所说，是以私利为根本凝聚力的，"当其同利之时，暂相党引以为朋者，伪也。及其见利而争先，或利尽而交疏，则反相贼害，虽其兄弟亲戚，不能相保"。也就是说，"朋党"是为私利而聚在一起的，他们为了眼前利益可以不辨是非、互相庇护，看似和谐，但若涉及利益分配不均等问题，他们立刻反目成仇，完全不能调和和包容，所以说"朋党"之"和"是"伪和"，为正人君子所不耻。真正的"和谐"是建立在"和而不同""求同存异"基础上的，强调的是理解、尊重和包容。

最后，"和"的精神以天人之和为最高境界。"天人合一"是儒家的传统话题，儒者认为"人"与"天"具有相同的本性，能够互相感应、互相影响，因此，儒家学者倡导人与自然的合作与协同，提出"人"要与"天"保持一致，追求与"天道"的契合，这实际上就是要求人们顺应自然的规律行事，从而实现与自然乃至天地万物和谐相处的状态，这就是所谓的天人之和的内涵。

还要指出的是，作为一种古老的文化传统，我国的和谐之道能够长存，是有其历史因素的。儒家学者强调，只有不断发生变化（即所谓"易"）、不断适应变化，才能实现稳定的"和"（即所谓"不易"），这就是《易经》所倡导的"变易"与"不易"的辩证关系。这种在动态发展中实现稳定的智慧，也是先贤留给我们的珍贵财富之一。

总之，和谐相处、求同存异的精神，是一种重视和睦、和平，却又不苟同、不附和的精神，也是一种重视人与人、人与自然协调共处的精神。这种精神适用于从个人到群体，从国家到全世界的各个领域，是一种真正的"普世价值"。

和谐相处、求同存异的当代应用

我们生活在一个科技发达的时代，随着新的通信方式与交通工具的应用，世界正在变得越来越小。1872年底，凡尔纳发表了《八十天环游地球》，而对当时的读者来说，要在如此短的时间里进行一次环球旅行，简直不可思议。到了20世纪末，民航航班已经将环球飞行的最快纪录刷新到了31小时27分46秒。然而，"地球村"的出现，没能消除国与国之间的战火；科技的进步，也并没能减少社会成员之间的冲突。面对这样的现实，我们仍然需要从"和"的精神这一传统文化中获取养分。

首先，"和"的精神告诉我们，要与人为善，弥合人际关系的裂隙。我们在现实生活中总难免与人发生冲突，至于冲突的原因，往往是觉得对方不通情理、不讲道理、不负责任……然而，如果从旁观者的角度来看，冲突的发生往往是由于双方的利益有了矛盾，又没有进行恰当的沟通。我国古代的儒家学者认为：如果一个人在为人处世中秉持"和"的精神，他将会尽量去了解他人的需要，理解他人的做法；同时，他也会用自己的行为去关怀人，用自己的道德去感染人。当一个人以和谐相处为处世原则时，他的内心是平和的，外在表现也会因此变得平和，而这种内心的平和宁静会在不知不觉中浸染到他身边的人，使他的亲友、邻里、同事都跟着平和起来。著名的"六尺巷"故事，其实就是一个以"和"的精神感染人的生动事例。在竞争激烈、人际关系复杂的当代社会，"和"的精神是极为必要的润滑剂。

其次，"和"的精神告诉我们，可以通过合作来寻求发展进步。

当代社会既是一个强调个人能力的社会，更是一个重视团队协作的社会。这两者看似矛盾，实则相辅相成。没有团队的协作，再有能力的个人也很难取得成就；反过来说，一个团队缺乏有能力的成员，也很难获得长足发展。从历史经验来看，个人的成功往往与一个好的团队紧密相关，即使是那些看似独自作出重大成果的个人，背后也往往有家庭乃至社会的支持。时至今日，小到科学实验，大到国家工程，没有哪一项是能够以个人之力独立完成的，如果领会不到"和"的精神中合作、协同的因素，人类社会就很难取得大的发展。

此外，有合作就会有意见的不同和观点的分歧，这就要求团队的每个成员懂得"和而不同"和"求同存异"的道理，协调统筹不同的声音，实现团队内部的和谐，这是一件工作顺利开展的前提。如果纷争不断，互不相让，则团队迟早要解散。

最后，"和"的精神告诉我们，要善待自然，不要把自己当作自然的征服者，而要以平等交往的方式与自然对话。在过去的两千多年中，"改造天地"与"天人合一"两种思想始终在我们的头脑中盘旋。从改造自然、建设物质文明的角度来说，"改造天地"的思想确有一定的合理性，如果我们的先人没有这种战天斗地的精神，恐怕现在还住在山洞里，用燧石取火。但是，我们也应该清醒地认识到，这种改造不可一味蛮干，更不可率性而为，而是应当在了解大自然规律的基础上顺势而行，使人与自然的关系实现和谐统一，这样才能使人类不致因破坏自然环境而遭到大自然的惩罚。

如今，"和"的概念和精神已越来越受到社会的关注，很多人开始重视"和"的意义与价值，并开始将"和"的思想贯彻在自己的生活、工作以及为人处世中。这对于我们建设社会主义和谐社会，是有积极意义的。

十五 | 治不忘乱，安不忘危

原 典

安而不忘危,存而不忘亡,治而不忘乱。

——《易传·系辞下》

在小学语文课本里面，有一篇题为《中华民族的最强音》的课文，讲述的是《义勇军进行曲》从创作到定为国歌的过程。课文的最后一句是："唱起它，就会居安思危，振奋精神，为保卫伟大的祖国、为祖国的繁荣富强而奋斗。"确实，每当唱起"起来，不愿做奴隶的人们……"我们总会回想起中华民族曾经面临的一个个危难关头。如今，中国早已摆脱了民族危机，逐渐繁荣富强起来，但这不意味着我们可以贪图安逸，而是要懂得未雨绸缪、居安思危。居安思危作为一种民族精神，应该植入每一个人的心里。

居安思危思想的历史源流

所谓居安思危，指的是身处安逸的环境中，仍然能够考虑到可能面临的危险，也就是我们今天常说的"危机感"。

春秋时期，晋国征服了郑国，郑国君臣为了讨好征服者，不仅献上了兵车、武器等军事装备，还进献了三名乐师、十六名能歌善舞的女子，以及成套的乐器。晋国的国君晋悼公为了奖赏大夫魏绛的功劳，把一半的乐队和乐器赐给他，说："您之前教导我搞好和戎狄的关系，把国力用在整合中原诸侯上。我在八年中九次与诸侯会盟，就像乐队演奏的乐曲一样和谐。现在，我希望与您共享这美妙的音乐。"魏绛听了晋悼公的话后，并没有表现得受宠若惊，反而讲了一番大道理。他说："能与戎狄搞好关系，这是国家之福。多次与诸侯会盟，关系和谐，这是托您的福，也是诸位大夫的功劳，我没出什么力。不过，我希望您在享受的时候，也想想接下来该怎么做。《诗》中说：'快乐的君子，为天子镇守邦国。快乐的君子，福禄都集中在他身上。善于治理附近的属国，于是大家都顺从他。'音乐可以培养德行，坚守义、礼、信、仁，这样才能镇守邦国，享受福禄，使远方顺从。《书》中说：'居安思危，思则有备，有备无患。'我希望能以此规谏您。"晋悼公很高兴地接受了魏绛的规劝，并坚持将乐队和乐器赐给魏绛。大概是因为懂得了居安思危、有备无患的道理，在此之后，晋国越来越强大。

居安思危的思想并不只出现在晋国，而是春秋战国时期有识之士的共同认知。解释《周易》的《易传》产生于战国时期，其中有很多与此含义相近的句子。比如《既济卦》《象传》就说:"君子以思患而豫防之。"意思是:君子想到可能发生的灾难,预先作出防范。《易传·系辞下》也说:"安而不忘危,存而不忘亡,治而不忘乱。"这种预判危机将会发生,于是提前作出预防的做法,正是"居安思危,思则有备,有备无患"的最好注解。

先秦时期,许多思想家也说过类似的话。比如墨子就说:"心无备虑,不可以应卒。"这里的"卒",就是我们今天常说的"突发事件"。墨子的意思是:不在平时考虑好应对各种变故的方法,突然发生紧急事件,就会手足无措,甚至忙中出错。又如孟子说:"国家闲暇,及是时明其政刑。虽大国,必畏之矣。《诗》云:'迨天之未阴雨,彻彼桑土,绸缪牖户。今此下民,或敢侮予?'孔子曰:'为此诗者,其知道乎!能治其国家,谁敢侮之?'"这是引了《诗经》中《豳风·鸱鸮》的句子,以及孔子的评论,来说明居安思危、有备无患的意义。再如荀子也说:"满则虑嗛,平则虑险,安则虑危。"其观点近于前文中《易传·系辞下》的"安而不忘危,存而不忘亡,治而不忘乱"。

春秋战国之后,是秦汉两个大一统王朝。虽然在秦汉时期——特别是汉朝——国家权力相对集中,社会环境相对安定,但居安思危的思想仍然没有被忘记。汉武帝喜欢打猎,而且在打猎时还喜欢亲自和猛兽搏斗,当时著名的文学家司马相如就上书劝谏说:"祸固多藏于隐微,而发于人之所忽。"意思是:灾祸本来大多藏匿在隐蔽细微之处,因为人们轻忽了这些细节而发生。司马相如这么说,是希望汉武帝不要因为喜好亲自捕猎野兽,而疏忽了对自身安全的保护。这大概也可说是个人角度上的"居安思危"吧。

另一著名的"居安思危"言论,出自西汉文学家扬雄的《冀州箴》。所谓的"箴",是一种格言短文,周天子曾要求"百官献箴",以此为鉴,纠正自己的错误。《冀州箴》就是扬雄以冀州官员的口吻拟作的一篇"箴"。冀州地处今天的河北一带,在当时是经济实力数一数二的发达地区,赵、魏两个战国时期的大国都从冀州起家。

然而,赵、魏二国由于国策不当,都走上了"初安如山,后崩如崖"的道路。鉴于这一历史教训,扬雄警告统治者要"治不忘乱,安不忘危"。这是今人大多没有注意到的一句话。

到了唐代,宰相魏徵曾经劝谏唐太宗"居安思危,戒奢以俭",他的理由是:"思所以危则安矣,思所以乱则治矣,思所以亡则存矣。"魏徵之所以特别向唐太宗提出居安思危的重要性,是因为唐太宗统治十几年后,渐渐丧失了励精图治的干劲,喜好享乐、不恤民力的事情时有发生。魏徵是隋末群雄混战的亲历者,目睹了隋炀帝因役使百姓过甚而激起百姓反抗的全过程。他担忧唐太宗会重蹈隋炀帝的覆辙,所以警告说:"不念居安思危,戒奢以俭,德不处其厚,情不胜其欲,斯亦伐根以求木茂,塞源而欲流长也。"

此外,民间也流行着很多关于"居安思危"的俗语,比如,"常将有日思无日,莫待无时思有时",这句话常被父母用来教育子女注意节俭、不要浪费,我们也常常把它当成倡导节俭的格言。在"有日"能想到"无日",不也是居安思危的一种表现吗?

总之,居安思危思想自古有之,在古代,上自君主、大臣,下至普通百姓,都受到了这种思想的影响。

居安思危思想的内涵与价值

居安思危,听起来似乎很简单,不外乎"多想一些"罢了。然而如果仔细分析，其内涵其实是非常深刻的，大致包括了以下三方面的内容。

首先，居安思危的思想是建立在认识自己、认识现实的基础上的，也就是思想的现实性。居安思危思想能在我国古代长期流行，与当时人们的生活状况有关，也与历史上一个个鲜活的教训关系很大。我国古代以农业为立国之基，而农业又与气候关系密切。当年风调雨顺，农民就可能丰收；若旱涝不时，农民就有饿死的危险。而这些自然灾害偏偏还不是人力所能消除的。为了规避灾害带来的风险，古代的学者们就主张，一户农家耕种三年，收获的粮食除上交国家和自己消费外，还要保留足够自家消费一年的积蓄，以此作为抗灾的"家当"。这种通过勤俭持家来备荒备急的思想，可说是最简单又最纯粹的"居安思危"了。

在社会生产力不够发达的时代，需要居安思危的不单是农民。如果作为"兆民本业"的农业出了问题，统治者一样是在劫难逃的。所以，我国古代的统治者虽然在某些具体政策上有不同的思路，但大多数都是非常重视农业生产的。"图匮于丰，防俭于逸"这句话，出自西晋文学家潘岳的《藉田赋》。"藉田"又叫"籍田"，指的是天子、诸侯为表示重视农业，举行的一种亲自耕种的仪式。潘岳创作《藉田赋》，主要目的当然是为晋武帝唱赞歌，但他在赋中也表达了对于农业生产的重视。"图匮于丰，防俭于逸"，意为"丰收的时候，要想到可能有歉收的年份；过着安逸的生活，也要注意困乏的可能"，这是从君主的角度居安思危。而统治者能有这样的意识，又何尝不是从当时社会面临的现实威胁总结出来的呢？所以说，居安思危思想的内涵，首先是对问题现实性的认识。

其次，居安思危思想有着深刻的辩证性。老子说："祸兮福之所倚，福兮祸之所伏。"这里的"福"与"祸"，其实与"安"和"危"有着相近的内涵。"安"和"危"是矛盾的两个方面，是对立统一的，也是可以互相转化的。

我国的古人虽然没有系统地总结出辩证法，但在看待具体问题时，往往有着辩证的眼光。唐朝贞观年间，名臣房玄龄就曾说过："思危所以求安，虑退所以能进。"他说的虽然是个人进退祸福之间的关系，却完全可以用在指导我们的生活和工作上。在工作和生活中，如果我们不满足于当前的状况，平时能够多思考怎么改进,出了问题应该如何应对,"安""进"自然就可以取代"危""退"。反之,则难免遇到各种麻烦。

最后,居安思危强调"预为之备",这也可以说是居安思危思想的"预防性"。历史经验告诉我们,灾难的苗头大多隐藏在细节之中,本来就很难引起人们注意,再加上当事人往往轻忽怠慢,等到问题变得严重之时,往往已经成了恶性事故。正如古语所说:"千里之堤,溃于蚁穴。"更糟糕的是,由于事先毫无防备,在最需要危机预案的时刻,当事人往往拿不出应对策略,只能让问题进一步扩大。

但从另一个角度来说,我们如果能做到居安思危,能够强化我们的风险意识,消除潜在的事故苗头,弥补现有的制度缺陷,一方面我们遇到的问题会减少很多,另一方面在遇到问题时,我们至少能够采取比较恰当的应变措施来解决它。当然,鼓励多找问题、多想对策,不等于赞成吹毛求疵,也不等于鼓励胡思乱想。找问题,想办法,必须建立在了解现实状况的基础上。

了解了居安思危的思想内涵,它的价值也就很明确了。从个人的角度说,常将有日思无日,能够让我们更好地认识资源、财物以及生活必需品的价值,使我们的生活更有规律，消费更有分寸，也更有应对生活困难的能力；从单位、集体、社会乃至国家的角度说，安不忘危、进不忘退，能够克服麻痹大意思想和盲目乐观情绪，防止"不撞南墙不回头"的悲剧发生，避免给国家和人民造成重大损失。能够指导人们较好地控制风险、减少损失，是居安思危思想中最主要的闪光点。

居安思危思想的当代价值

或许有人会问："当代社会的抗风险能力与自我修正能力已经很强了，我们还有必要谈居安思危吗？"答案是肯定的。历史经验告诉我们，无论天灾还是人祸，如果我们能够预先发现危机，能够提出恰当的防备措施，就能预先对危险加以杜绝，或在问题出现时积极应对，而不至于手足无措。否则，灾难突然降临，本就容易人心惶惶，又在毫无准备的情况下仓促应对，后果将不可设想。确实，科技发展带给我们很多先进的工具，我们利用其建立起完善的运输体系、储备体系、救援体系、动员体系。但是，如果灾难发生时我们事先没有制定相关的预案，再好的体系也是很难及时调动起来的。

在面对灾难时，时间往往就是生命，迟了一分钟，可能都会有无法预料、无法挽回的损失。

不仅如此，在现代社会中，随着新生事物的不断出现，还会衍生出新的问题。十年前，我们或许很难想象通过网络传播引发舆论大潮，或者通过手机短信进行诈骗，但是在今天，这些问题都出现了。

"老革命"如何应对"新问题"？是预见到问题的发生，事先制订方案，对其善加引导；还是闭目塞听，任由问题继续严重化？当然应该选择前者。